Klasse 2-6

A. Klipphahn & W. Mandzel

Das Leben Jesu

1 Stationen im Leben Jesu

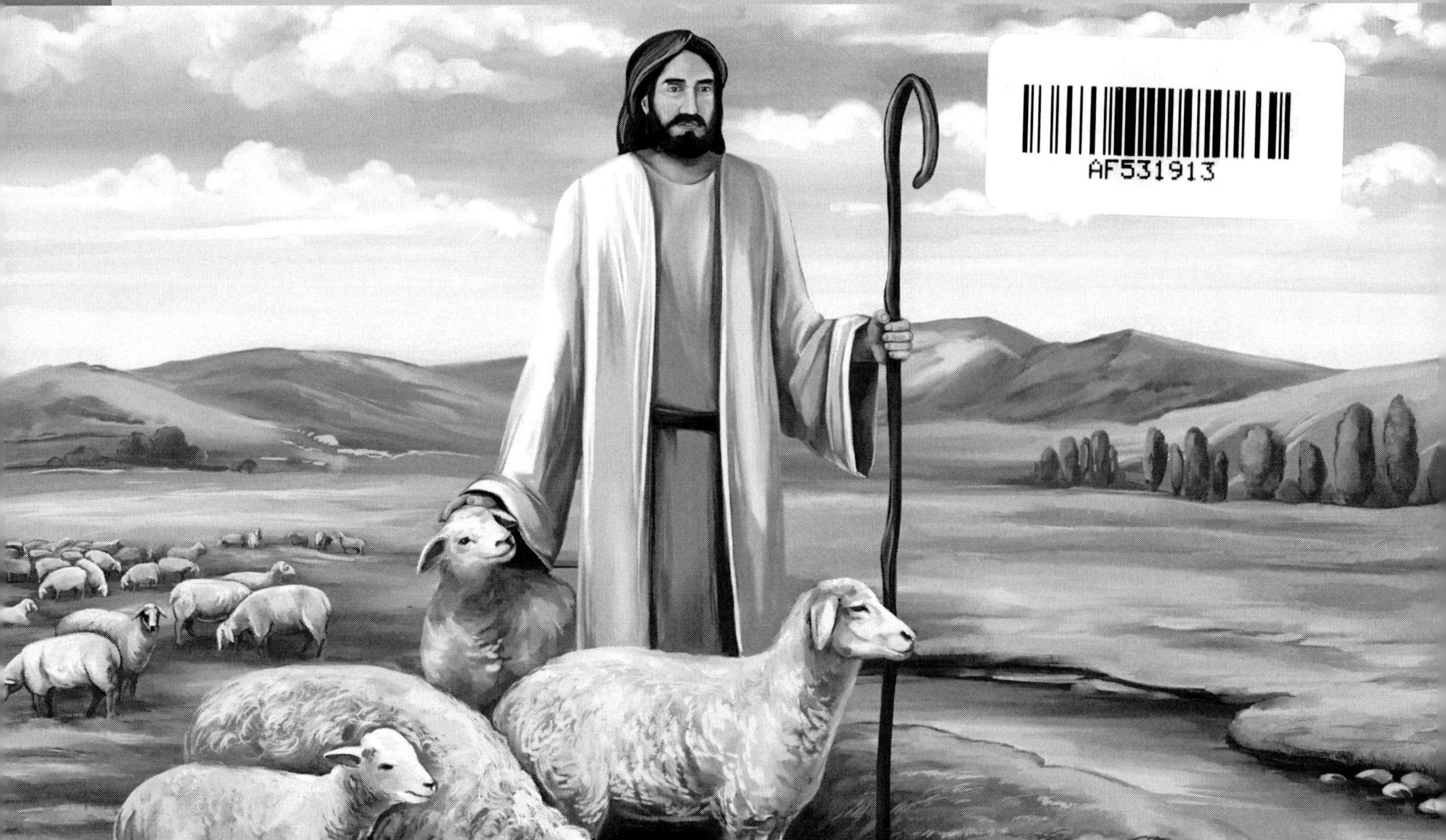

- Jesus näher kennenlernen
- mit Bildern, Rätseln & Spielen
- Was berichtet die Bibel?

Das Leben Jesu

2. Auflage 2026

Inhalt: Anneli Klipphahn
Coverbild: © vladischern - AdobeStock.com
Illustrationen: Waldemar Mandzel
Redaktion: Kohl-Verlag
Grafik & Satz: Kohl-Verlag
Druck: Druckerei Flock, Köln

Bestell-Nr. 12 704

ISBN: 978-3-98558-087-3

Bildquellen © clipart
S. 4, 7, 9-12, 15-16, 19-22, 24-25, 27-28, 30-32, 34-36, 38, 40-44, 46-46: open_book_2_tnb
Bildquellen © fotolia
S. 22: Laurentiu laudade - Fotolia.com
Bildquellen © wiki.com
S. 18: Karte_isral_721
Bildquellen © Mandzel
S. 5, 6-12, 14-17, 19-21, 23-38, 40-56

Kontakt: Kohl-Verlag, An der Brennerei 37-45, 50170 Kerpen
Tel: +49 2275 331610, Mail: info@kohlverlag.de

Inhalt

DAS LEBEN JESU
Band 1: Stationen aus dem Leben Jesu – Bestell-Nr. 12 704

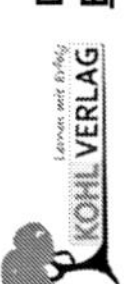

Vorwort

Liebe Kolleginnen und Kollegen,

das vorliegende Arbeitsmaterial kann sofort im Unterricht eingesetzt und auf vielfältige Weise genutzt werden. Die Lernenden können damit das Leben Jesu im Zusammenhang betrachten oder einzelne Stationen bearbeiten, die immer wieder im Lehrplan oder im Jahreskreis vorkommen. Die Texte sind in einfacher Sprache abgefasst.

- Neben jedem Abschnitt finden Sie im Symbol des aufgeschlagenen Buches die entsprechenden Bibelstellen, die von älteren Schülerinnen und Schülern nachgeschlagen werden können.
- Die Landkarte (Kap. 3; S. 18) ermöglicht den Schülern einen raschen Überblick über die drei Landesteile und einzelne Orte, in denen Jesus unterwegs war.
- Die Bilder können zum **Ausmalen** vergrößert werden.
- Die **Rätsel** eignen sich auch als Lückenfüller für zwischendurch.
- Die in den Texten vorkommenden Orte und Entfernungen werden von den Schülern auf der **Landkarte** markiert.
- Mithilfe der Bilder und Texte können die Schüler sich ein **Heft über das Leben Jesu** oder ein **Leporello** zusammenstellen, das laufend ergänzt wird.
- Die Schüler gestalten gemeinsam eine **Bilderbibel** für den Gebrauch in der Lerngruppe, die ständig erweitert werden kann.
- Die Lernenden erstellen sich eine **Bibelstellenkartei.** Dazu kleben sie jede Bibelstellenangabe auf ein Kärtchen, ergänzen die Überschrift und schreiben eine kurze Zusammenfassung auf die Rückseite.

  Beispiel:

  Zachäus

  Lk 1, 26-28
- Die Bilder können als **optischer Impuls** für den Einstieg genutzt werden.
- Doppelt kopiert können die Bilder als **Bibelmemo-Spiel** verwendet werden.
- Die Schüler stellen **Verbindungen zwischen einzelnen Themen** her. Diese können ihnen von der Lehrkraft vorgegeben werden.

  Beispiele:

  - Jesus wendet sich immer zuerst denen zu, die ihn am meisten brauchen.
  - Kindersegnung (Nr. 6), Zachäus (Nr.7), Heilung des Gelähmten (Nr.8)
  - Jesu Reden und Tun gehören zusammen
  - Beispielaufgabe: „Verloren und wiedergefunden"
  - (M 7 und M 9): Lies die Geschichte von Zachäus in der Bibel (Lk 19. 1-10) setze sie in Beziehung zum Gleichnis vom verlorenen Schaf (Lk. 15, 3-7)

Dieses Heft bietet Ihnen zahlreiche **Bilder und Texte** zum Leben Jesu **im selben Format.** Daraus ergeben sich vielfältige **Spielmöglichkeiten** für den Unterricht. Einige Anregungen dazu finden Sie im Anhang (Seite 40-46)

Außerdem empfehlen wir folgende Ergänzungen zum selben Thema: 12705 Die Bergpredigt, sowie Montessori-Legematerial zum Leben Jesu. Nr. 15064 & 15065.

Gutes Gelingen und viel Freude bei der Arbeit mit dem vorliegenden Material wünschen Ihnen

Anneli Klipphahn, Waldemar Mandzel & der Kohl-Verlag

[1] *Aus Gründen der besseren Lesbarkeit wird im Folgenden nur der Begriff Schüler verwendet.*

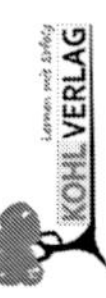

1 Vier Evangelisten berichten über Jesus

Die Bibel ist im Laufe vieler Jahrhunderte entstanden. Sie besteht aus vielen Büchern. Wir unterscheiden zwei große Teile: das *Alte Testament* und das *Neue Testament.*
Im Neuen Testament finden wir Berichte über das Leben Jesu und die ersten christlichen Gemeinden.

Die ersten vier Bücher des Neuen Testaments berichten vom Leben Jesu. Man nennt sie *Evangelien.*
Evangelium kommt aus dem Griechischen. Es heißt übersetzt: *Gute Nachricht* oder *Frohe Botschaft.*
Die Verfasser der *Evangelien* heißen deshalb ***Evangelisten.*** Ihre Namen sind: **Matthäus, Markus, Lukas, Johannes.**

Aufgabe:

a) Was bedeutet das Wort Evangelium?

b) Warum nennt man Matthäus, Markus, Lukas und Johannes Evangelisten?

KOHL VERLAG
DAS LEBEN JESU
Band 1: Stationen aus dem Leben Jesu – Bestell-Nr. 12 704

1 Vier Evangelisten berichten über Jesus

1.1 Es gibt Gemeinsamkeiten und Unterschiede

Einige Teile der Berichte der Evangelisten über das Leben Jesu gleichen sich, aber es gibt auch Abweichungen. Warum ist das so?
Lies die folgende Geschichte und finde selbst eine Antwort auf diese Frage.

Emma und Jonas sind Geschwister. Emma ist acht Jahre alt, Jonas zehn. An einem sonnigen Tag im Sommer wandern sie mit ihren Eltern auf einen Berg. Jonas eilt mit Papa voraus, manchmal nehmen die beiden einen Umweg in Kauf, um zu einem Aussichtspunkt zu gelangen. Mama fotografiert seltene Blumen am Wegrand, Emma interessiert sich mehr für Schmetterlinge, Käfer und Schnecken.
Endlich erreichen sie den Berggipfel und genießen die tolle Aussicht. Papa hat seine Landkarte ausgebreitet und erklärt Jonas die Namen der umliegenden Berge, Täler und Seen, Mama beobachtet die Vögel, die über den Wipfeln der Bäume kreisen und Emma hat auf dem Felsen eine Eidechse entdeckt.

Auf dem Rückweg machen sie eine Pause in einer Gaststätte. Jonas bestellt sich ein großes Stück Kuchen und Emma ein leckeres Schokoladeneis. Mama und Papa trinken einen Kaffee.
In der Gaststätte kann man auch Ansichtskarten kaufen.
Mama sagt: „Ich schicke einen Gruß an Oma."
Papa nickt. „Ich werde an Onkel Paul schreiben. Der freut sich immer über Post."
Emma deutet auf eine Karte, auf der eine Eidechse abgebildet ist. „Die möchte ich an meine Freundin Pia schicken."
Jonas entdeckt eine witzige Karikatur und lacht. „Das ist cool, genau das Richtige für meinen Freund Tim."
Alle haben dieselbe Wanderung erlebt, aber jeder schreibt etwas anderes auf seine Karte.

Aufgabe:

a) *Erkläre, warum die Berichte von Emma, Jonas, Mama und Papa unterschiedlich sind.*

b) *Überlege nun, warum die Berichte der Evangelisten an manchen Stellen voneinander abweichen.*

DAS LEBEN JESU
Band 1: Stationen aus dem Leben Jesu – Bestell-Nr. 12 704
KOHL VERLAG

Jesus – die Kindheitsgeschichten

2.1 Jesus wird geboren – Was *Lukas* berichtet

Da stimmt doch was nicht! – *Leider ist hier einiges durcheinandergeraten.*

Aufgabe: *Schneide alle Bilder sorgfältig aus. Ordne die Bilder den richtigen Texten zu.*

(1) Maria lebt in dem kleinen Ort Nazareth. Sie ist mit dem Zimmermann Josef verlobt. Josef ist ein Nachkomme von König David.

(2) Maria ist zu Hause. Plötzlich erscheint ihr der Engel Gabriel. Er spricht mit ihr. „Sei gegrüßt Maria. Gott ist mit dir. Gott hat dich auserwählt."
Maria erschrickt. Sie denkt: Was soll das bedeuten?
Der Engel spricht weiter: „Fürchte dich nicht! Gott hat dich lieb. Er ist gnädig. Gott hat etwas Besonderes mit dir vor. Du wirst ein Kind bekommen. Das Kind ist Gottes Sohn. Er soll Jesus heißen. Er wird der Nachkomme von König David sein. Doch sein Reich wird kein Ende haben. Sein Reich ist Gottes Reich."
Maria wundert sich. „Wie soll das gehen? Ich bin doch noch gar nicht mit Josef verheiratet?"
„Es wird so geschehen, Maria", entgegnet der Engel. „Du wirst schwanger werden. Gottes Heiliger Geist wird dieses Wunder tun. Bei Gott ist nichts unmöglich."
Maria antwortet: „Gott ist mein Herr, ihm gehört mein Leben. Alles soll so geschehen, wie du es gesagt hast. Gottes Wille geschehe."

(3) Das Land, in dem Maria und Josef wohnen, gehört zum Römischen Weltreich. Es wird von Kaiser Augustus regiert. Eines Tages ordnet er eine Volkszählung an. „Alle Leute sollen in ihren Geburtsort gehen. Dort müssen Sie sich in die Steuerlisten eintragen lassen. Wer diesem Befehl nicht nachkommt, wird bestraft.

Lk 2, 1-3

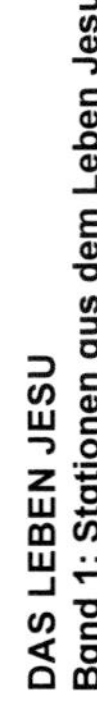

2 Jesus – die Kindheitsgeschichten

Lk 1, 26-38
Lk 2, 1-20

4 Wegen der Volkszählung des Kaisers Augustus müssen Maria und Josef nach Bethlehem gehen, denn Josef ist ein Nachkomme Davids. König David kam aus Bethlehem.
Der Weg nach Bethlehem ist weit und Maria ist schwanger.

5 Endlich kommen sie erschöpft in Bethlehem an. Aufgrund der Volkszählung sind schon viele Leute da. Die Herberge ist überfüllt. Für Maria und Josef gibt es kein einziges Bett für die Nacht.
Maria und Josef finden Platz in einem Stall. Dort bekommt Maria ihren ersten Sohn – Jesus. Sie wickelt ihn in Windeln und legt ihn in eine Futterkrippe.

6 Es ist Nacht. In der Nähe von Bethlehem sind Schafherden auf der Weide. Die Hirten sorgen gut für ihre Tiere. Auch in der Nacht bleiben sie bei ihnen und bewachen sie.

2 Jesus – die Kindheitsgeschichten

Lk 1, 26-38
Lk 2, 1-20

7 Plötzlich wird es hell, ein Engel erscheint. Die Hirten erschrecken. Da spricht der Engel mit ihnen: „Fürchtet euch nicht. Ich bringe euch eine frohe Botschaft. Eine gute Nachricht für die ganze Welt. In der Stadt Davids ist der Heiland geboren. Es ist Christus, der Herr. Wenn ihr nach Bethlehem geht, werdet ihr ihn erkennen. Er kommt als neugeborenes Kind, in Windeln gewickelt. Er liegt in einer Futterkrippe.“ Auf einmal erscheinen viele Engel, die Hirten können sie nicht zählen. Die Engel loben Gott: „Ehre sei Gott in der Höhe und Frieden auf der Erde. Gott kommt zu den Menschen. Gott zeigt den Menschen seine Liebe.“ Lk 2, 9-14	
8 Dann ist wieder alles still. Die Hirten sagen: „Lasst uns nach Bethlehem gehen. Lasst uns sehen, was Gott uns durch die Engel mitgeteilt hat.“ Sofort eilen die Hirten nach Bethlehem. Dort finden sie Maria, Josef und das neugeborene Kind in der Krippe. 	
9 Voller Freude berichten sie: „Gott hat uns seine Engel geschickt. Uns, die verachteten Hirten hat er eingeladen. Deshalb sind wir gekommen, um Gottes Sohn zu begrüßen.“ Überall erzählen die Hirten von der Botschaft der Engel. Die Menschen wundern sich. Maria behält die Worte der Hirten in ihrem Herzen. Die Hirten kehren zurück an ihre Arbeit. Aber in ihrem Herzen hat sich etwas verändert. Sie sind glücklich. Sie loben und preisen Gott. Sie wissen: Gottes Sohn ist gekommen, er ist Mensch geworden – auch für uns. Gott hat uns lieb. 	

DAS LEBEN JESU
Band 1: Stationen aus dem Leben Jesu – Bestell-Nr. 12 704

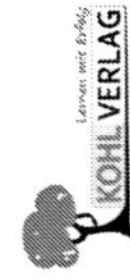

2 Jesus – die Kindheitsgeschichten

2.2 Jesus wird geboren – Was *Matthäus* berichtet

Da stimmt doch was nicht! – *Leider ist hier einiges durcheinandergeraten.*

Aufgabe: *Schneide alle Bilder sorgfältig aus. Ordne die Bilder den richtigen Texten zu.*

(1) Gottes Sohn wird in Bethlehem geboren. Das ist ein kleiner Ort, aus dem König David stammte. Jesus ist ein Nachkomme Davids. Weit weg von Bethlehem entdecken Wissenschaftler einen besonderen Stern. Sie wohnen östlich des Landes, in dem Jesus geboren wird, im Osten, also dort, wo im Lande Jesu am Morgen die Sonne aufgeht. Deshalb nennt man dieses Land das Morgenland. Die Männer sind Sterndeuter und kennen Gott nicht. Gott hat alles geschaffen, auch die Sterne. Also spricht Gott durch die Sterne zu ihnen.

Mt 1, 1-17; Mt 2, 1

(2) Die Wissenschaftler forschen nach der Bedeutung des Sterns und finden heraus: „Er zeigt die Geburt eines neuen Königs an. Eines Königs, der für alle Welt bedeutsam ist.“ Sie beschließen, den neu geborenen König zu besuchen, packen Geschenke ein und machen sich auf den Weg. Der Stern führt sie ins Land der Juden. Sie suchen den neu geborenen König in Jerusalem, denn das ist die Hauptstadt des Landes. Dort regiert König Herodes.

Mt 2, 1-2

(3) Herodes erschrickt. Er sagt: „Ich bin König. Ich will keinen neuen König. Ich will König bleiben. Herodes überlegt: Ein König für alle Welt? Womöglich haben diese Männer recht und der Christus ist geboren? Wenn das der Fall sein sollte, muss ich etwas dagegen tun. Ich werde es herausfinden. Falls es dieses Kind gibt, werde ich es töten lassen. Ich bin der König! Er ruft die Gelehrten zusammen, die sich in den heiligen Schriften auskennen und fragt: „Ich weiß, dass irgendwann der Christus geboren werden soll. Sagt mir, an welchem Ort er geboren werden wird?“

Mt 2, 3-4

KOHL VERLAG – DAS LEBEN JESU – Band 1: Stationen aus dem Leben Jesu – Bestell-Nr. 12 704

2 Jesus – die Kindheitsgeschichten

Mt 2, 1-23

4 Die Schriftgelehrten erklären:
„Christus soll in Bethlehem geboren werden. Irgendwann. Nicht heute. Nicht in dieser Zeit.“

Herodes verstellt sich und sagt zu den Weisen: „Geht nach Bethlehem. Und falls ihr dort das neu geborene Kind findet, sagt es mir. Dann werde auch ich zu ihm gehen und es anbeten.“
Also machen die Wissenschaftler sich auf den Weg nach Bethlehem.
Plötzlich ist der Stern wieder da. Es ist, als ginge er vor ihnen her.

Mt 2, 5-9

5 In Bethlehem finden die Weisen das Haus, in dem Jesus geboren ist. Sie haben einen weiten Weg zurückgelegt, um den neu geborenen Sohn Gottes zu besuchen. Sie fallen vor dem Kind nieder und beten es an. Sie, die bisher an die Macht der Sterne geglaubt haben, beten nun den Sohn des lebendigen Gottes an. Dann packen sie ihre Geschenke aus, wertvolle Schätze: Gold, Weihrauch und Myrrhe. Weihrauch und Myrrhe sind teure Harze, die zum Räuchern, als Parfüm und als Medizin verwendet werden.
Weil das drei königliche Geschenke sind, nannte man die Weisen später Drei Könige.

6 Während die Weisen sich von ihrer weiten Reise ausruhen, spricht Gott im Traum zu ihnen. „Geht auf dem Rückweg nicht zu Herodes. Berichtet ihm nicht von dem Kind.“ Deshalb reisen sie auf einem anderen Weg zurück in ihre Heimat.

2 Jesus – die Kindheitsgeschichten

Mt 2, 1-23

(7) Jesus ist Gottes Sohn. Gott ist mächtiger als jeder König. Gott kennt die Pläne der Menschen. Er weiß, dass König Herodes Jesus töten will. Gott beschützt seinen Sohn. Er schickt einen Engel zu Josef. Engel sind Gottes Boten.

(8) Während Josef schläft, spricht der Engel Gottes zu ihm. Er sagt: „Steh auf Josef! Nimm das Kind und seine Mutter Maria. Fliehe mit ihnen nach Ägypten. Bleibt so lange dort, bis ich dir sage, dass du zurückkommen sollst. Herodes will das Kind töten."
Sofort steht Josef auf. Mitten in der Nacht nimmt er das Kind und Maria und flieht mit ihnen nach Ägypten.

(9) Nach dem Tod des Königs Herodes erscheint dem Josef wieder der Engel im Traum. Er sagt: „Nimm das Kind und seine Mutter. Geht zurück nach Israel. Es gibt niemanden mehr, der das Kind töten will. Sie sind alle gestorben." Josef geht mit Maria und Jesus zurück nach Israel. Sie gehen nach Nazareth. Das ist eine Stadt, die sich in dem Landesteil Galiläa befinden.

2 Jesus – die Kindheitsgeschichten

2.3 Jesus wird geboren – Lukas und Matthäus im Vergleich

Berichte über die Geburt Jesu finden wir bei den Evangelisten Matthäus und Lukas. Die wichtigsten Dinge sind bei beiden gleich, aber es gibt auch Unterschiede.

Aufgabe: *a) Ordne die Begriffe in die Tabelle ein.*
b) Einige kommen bei beiden Evangelisten vor. Unterstreiche diese.

Nazareth
Stern
Kaiser Augustus
Futterkrippe
Josef
Bethlehem
Jesus
Maria
Hirten
Gold, Weihrauch, Myrrhe
Nachkomme Davids
Engel
Gott
Jerusalem
Weise
König Herodes

Matthäus	Lukas

KOHL VERLAG
DAS LEBEN JESU
Band 1: Stationen aus dem Leben Jesu – Bestell-Nr. 12 704

2 Jesus – die Kindheitsgeschichten

2.4 Was gab es damals noch nicht?

Auf diesem Bild findest du sechs Dinge, die es zur Zeit Jesu noch nicht gab.

Aufgabe: *Kreise die Fehler ein.*

KAISER AUGUSTUS ERLÄSST EIN GESETZ

2 Jesus – die Kindheitsgeschichten

2.5 Jesus als Kind

Über die Kindheit von Jesus wissen wir nicht viel.
Das Land, in dem Jesus geboren wurde, hieß Palästina. Die Hauptstadt des Landes war Jerusalem. Dort regierte König Herodes. Palästina gehörte zum Römischen Reich. Das Römische Reich wurde von Kaiser Augustus regiert.
Maria und Josef wohnten in Nazareth. Nazareth liegt im Landesteil Galiläa.

Wegen der Volkszählung des Kaisers Augustus mussten Maria und Josef nach Bethlehem gehen. Dort wurde Jesus geboren.

Wissenschaftler aus einem fernen Land erfuhren durch die Sterne von der Geburt eines neuen Königs. Die Weisen begaben sich sofort auf die Suche nach ihm. In Jerusalem fragten sie bei König Herodes nach dem neugeborenen Kind. Herodes hatte Angst, er wollte seine Macht nicht verlieren. Deshalb beschloss er, Jesus töten zu lassen.
Doch Josef wurde von Gott gewarnt. Er flüchtet mit Maria und dem neugeborenen Kind nach Ägypten.
Nach dem Tod des Königs Herodes schickte Gott Josef mit seiner kleinen Familie wieder zurück nach Nazareth.

Jesus wuchs in Nazareth auf.

Josef war Zimmermann. Jesus erlernte ebenfalls dieses Handwerk. Später wurde er oft *Jesus von Nazareth* genannt oder *Nazarener*, denn damals gab es noch keine Familiennamen.
Maria bekam noch mehr Kinder. Jesus hatte Brüder und Schwestern. Seine Brüder hießen Jakobus, Josef oder Joses, Judas und Simon.

Aufgaben:

Wo wurde Jesus geboren?

 ______________________________

Wie heißt die Hauptstadt des Landes, in dem Jesus lebte?

 ______________________________

Wo lebte Jesus als Kind?

____

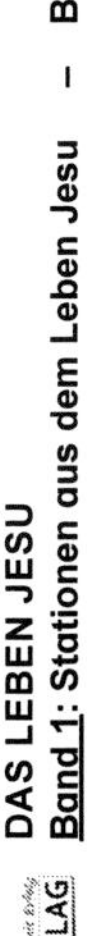

2.6 Jesus geht das erste Mal in den Tempel

Jedes Jahr gehen Maria und Josef zum Passafest in den Tempel. Der Tempel steht in der Hauptstadt des Landes, in Jerusalem. Der Weg von Nazareth nach Jerusalem ist weit. Wenn man zu Fuß geht, ist man mehrere Tage unterwegs. Deshalb gehen Maria und Josef nur zu besonderen Anlässen in den Tempel.
Als Jesus zwölf Jahre alt ist, darf er das erste Mal mitgehen. Das Passafest dauert mehrere Tage. Viele Menschen sind gekommen. Maria und Josef treffen Verwandte und Bekannte. Einige haben ihre Kinder mitgebracht, die genauso alt sind wie Jesus.

Nach dem Fest begeben sich alle auf den Heimweg. Von Jerusalem aus können viele Leute ein Stück gemeinsam gehen, bis dann jeder in seinen eigenen Wohnort zurückkehrt. Maria und Josef gehen mit Verwandten und Bekannten. Es gibt viel zu erzählen. Jesus ist nicht bei ihnen, aber er ist ja nun schon zwölf Jahre alt. Maria und Josef müssen nicht ständig auf ihn aufpassen. Vielleicht ist Jesus mit anderen Jungen in seinem Alter zusammen?

Langsam wird es Abend. Die Reisenden schauen sich nach einem Platz um, an dem sie ihre Zelte aufbauen und übernachten können. Maria blickt sich um. „Wo ist Jesus? Mit wem ist er gegangen? Ist er bei Freunden oder Verwandten?“ Maria und Josef fragen: „Habt ihr unseren Sohn gesehen? War er bei euch?“ „Nein“, sagen die Leute. „Bei uns ist er nicht. Wir haben ihn auf dem ganzen Weg noch nicht gesehen. Zuletzt sahen wir ihn in Jerusalem.“
Lange suchen Maria und Josef ihren Sohn. Doch er ist nicht da. Also eilen sie zurück nach Jerusalem. Der Weg ist weit, sie waren ja schon eine Tagesreise entfernt von Jerusalem. Überall suchen sie nach Jesus. Auch auf dem Weg und in Jerusalem finden sie ihn nicht. Drei Tage sind schon vergangen, und Jesus ist immer noch nicht da. Endlich entdecken sie ihn im Tempel. Mitten unter den Gelehrten sitzt er und erzählt ihnen von Gott. Die Lehrer lassen sich von ihm lehren. Sie stellen Fragen über Gott und Gottes Reich und hören ihm aufmerksam zu. Sie wundern sich: „Was dieser Junge alles weiß! Er kennt Zusammenhänge, die wir schwer begreifen können. Er ist in Gottes Worten und Taten zu Hause wie kein anderer.“ Maria und Josef können es nicht fassen. „Mein Sohn, warum tust du uns das an?“, fragt Maria. „Wir haben uns große Sorgen um dich gemacht! Verzweifelt haben wir dich gesucht!“ Jesus wundert sich. „Warum habt ihr mich gesucht? Wo mein Vater ist, dort muss auch ich sein. Wusstet ihr das denn nicht?“ Der Tempel ist das Haus Gottes. Er wurde für Gott gebaut. Im Tempel beten Menschen zu Gott. Im Tempel reden Menschen mit und über Gott.
Maria und Josef verstehen seine Worte nicht. Aber Maria kann sie nicht vergessen.
Jesus geht mit ihnen zurück nach Nazareth.
Je älter er wird, um so weiser wird er.
Gott ist mit ihm und die Menschen mögen ihn.

KOHL VERLAG DAS LEBEN JESU Band 1: Stationen aus dem Leben Jesu – Bestell-Nr. 12 704

2 Jesus – die Kindheitsgeschichten

2.6.1 Wo ist Jesus?

Aufgabe: *Ergänze die Lücken im Text.*

Mit ___ Jahren ging Jesus das erste Mal mit in den Tempel in_________________zum Passafest. Von N___________ nach ________________ war es ein langer Weg. Nach dem __________ fest gingen alle wieder zurück in ihren Wohnort. Als Maria und Josef eine ________reise entfernt von Jerusalem waren, schauten sie sich um und fragten: „Wo ist _______?" Sie fragten bei ______________ und Bekannten, aber _______ war nicht da. Also gingen sie zurück nach_______ und suchten ihn dort. Erst nach ______ Tagen fanden sie ihren Sohn. Er saß im _______. Die__________ hörten ihm zu und wunderten sich über alles, was er sagte.

Suche den Weg, den Maria und Josef gehen müssen, um Jesus zu finden.

Hinweis: Dort, wo Maria und Josef die Leute treffen, müssen sie umkehren und einen anderen Weg wählen. Maria und Josef können nicht an den Leuten vorbei gehen.

DAS LEBEN JESU
Band 1: Stationen aus dem Leben Jesu – Bestell-Nr. 12 704
KOHL VERLAG

3 Das Land, in dem Jesus lebte

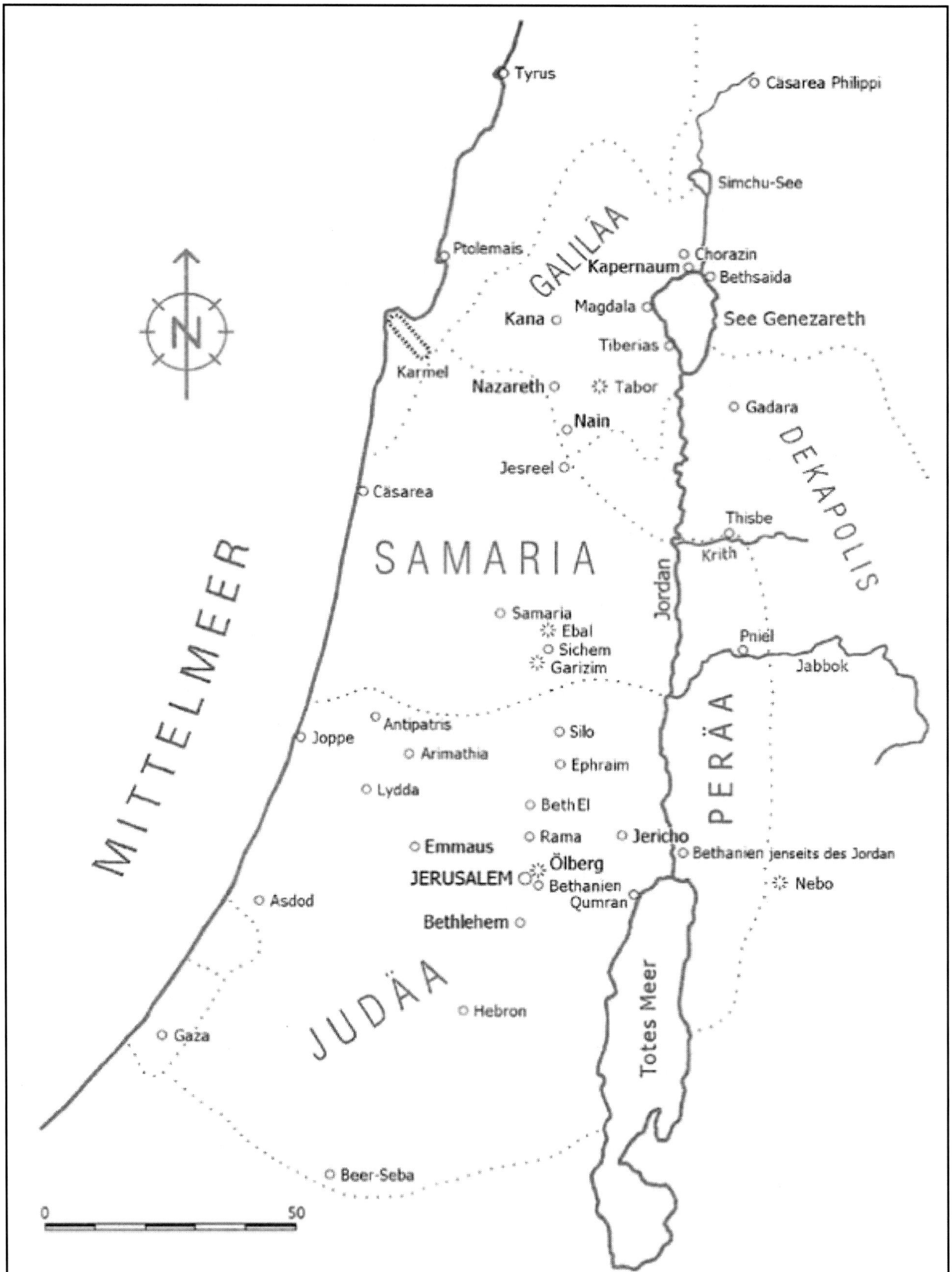

DAS LEBEN JESU
Band 1: Stationen aus dem Leben Jesu – Bestell-Nr. 12 704

4 Jesus lässt sich taufen

Jesus ist erwachsen. Er geht zum Jordan. Das ist ein Fluss, der durch das ganze Land fließt. Dort ist Johannes der Täufer.

Johannes wird so genannt, weil er die Menschen tauft. Vorher ruft er sie dazu auf, ihr Leben zu ändern. Er sagt: „Kehrt um zu Gott. Sagt Gott eure Schuld. Lasst euch von Gott vergeben und beginnt ein neues Leben, ein Leben mit Gott. Lasst euch taufen. Durch die Taufe schließt Gott einen Bund mit euch."

Jesus geht zu Johannes und sagt: „Taufe mich!"
Johannes erkennt Jesus. Er weiß: Das ist Gottes Sohn. Das ist der von Gott versprochene Retter, der Messias. Erschrocken schüttelt Johannes den Kopf: „Was sagst du da? Ich soll dich taufen? Aber das geht doch nicht! Du müsstest mich taufen! Ich brauche deine Taufe! Aber du kommst und willst von mir getauft werden?"
„Taufe mich jetzt!", sagt Jesus. „So soll es sein. Gott will es so. Lass uns tun, was Gott will. Lass es jetzt geschehen!"
Da geht Johannes mit Jesus in den Fluss. Johannes tauft Jesus im Jordan.
Nach der Taufe steigt Jesus aus dem Wasser. Plötzlich wird es hell. Der Himmel öffnet sich. Eine Taube kommt herab. Eine Stimme vom Himmel ertönt: „Das ist mein lieber Sohn! Ich habe ihn lieb. Ich habe ihn erwählt. Ich freue mich über ihn."
Jesus lässt sich taufen. Obwohl er ohne Schuld ist. Obwohl er Gott ist. Jesus, Gott und doch ganz und gar Mensch.

KOHL VERLAG DAS LEBEN JESU
Band 1: Stationen aus dem Leben Jesu – Bestell-Nr. 12 704

5 Jesus beruft zwölf Jünger

5.1 Jesus beruft zwölf Jünger

Leider sind diese Bilder durcheinandergeraten.

Aufgabe: *Ordne die Bilder den richtigen Texten zu.*

(1) Als Jesus erwachsen ist, geht er in den Landesteil Galiläa. Dort befindet sich der See Genezareth.
Jesus zieht umher und erzählt den Menschen von Gottes Liebe. Am See Genezareth beruft er seine ersten Jünger. Sie sind Fischer.

(2) Die ganze Nacht über war Simon (Petrus) mit seinem Bruder Andreas auf dem See. Wieder und wieder haben sie ihr Netz ausgeworfen. Doch es war vergeblich, keinen einzigen Fisch haben sie gefangen. Langsam wird es hell, der Morgen bricht an. Simon und Andreas fahren ans Ufer. Am Tag kann man keine Fische fangen. Simon und Andreas steigen aus dem Boot und waschen ihre Netze aus. Zwei andere Fischer, Jakobus und Johannes, sind auch dort.

(3) Da kommt Jesus. Viele Leute folgen ihm. Damit sie Jesus besser sehen und hören können, setzt Jesus sich in Simons Boot. Er lässt sich ein Stück vom Ufer wegfahren und lehrt die Menschen von da aus. Danach spricht er Simon an: „Fahre noch einmal hinaus, bis zu einer Stelle, wo der See sehr tief ist. Werft dort eure Netze aus!“ Simon wundert sich: „Meister, wir haben die ganze Nacht gearbeitet und keinen einzigen Fisch gefangen. Aber weil du es sagst, werde ich die Netze noch einmal auswerfen.“

DAS LEBEN JESU
Band 1: Stationen aus dem Leben Jesu – Bestell-Nr. 12 704
KOHL VERLAG

5 Jesus beruft zwölf Jünger

Lk 5, 1-11 Lk 6, 12-16

4 Simon und Andreas steigen ins Boot, fahren auf den See und werfen ihre Netze aus. Plötzlich sind da so viele Fische, dass die Netze zu reißen beginnen. Simon winkt den anderen Fischern zu: „Kommt schnell, helft uns! Da sind so viele Fische! Das schaffen wir nicht allein.“
Sie fangen so viele Fische, dass die Boote fast sinken. Entsetzt schauten die Fischer sich an. Wie kann das sein? So etwas gab es noch nie. Solche Macht hat Jesus? Das ist ein Wunder.

Mt 4, 18-22 Mk 1, 16-20 Lk 5, 1-11 Lk 6, 12-16

5 „Ein Wunder“, flüstert Simon. „Ein Wunder für uns.“ Rasch fahren sie zurück zum Ufer. Simon springt aus dem Boot, eilt zu Jesus und fällt auf die Knie. Er sagt: „Herr, ich habe das nicht verdient. Ich habe in meinem Leben schon viel falsch gemacht, ich bin nicht so, wie Gott mich haben will. Ich bin ein sündiger Mensch. Geh weg von mir.“
Jesus wendet sich ihm zu. „Fürchte dich nicht, Simon. Von nun an wirst du keine Fische mehr fangen. Du sollst Menschen für Gott gewinnen. Von nun an sollst du ein Menschenfischer sein.“

Mt 4, 18-22 Mk 1, 16-20 Lk 5, 1-11 Lk 6, 12-16

6 Die Fischer Simon und Andreas, Jakobus und Johannes lassen ihre Boote und alles andere zurück und gehen mit Jesus. Sie sind seine ersten Jünger. Simon bekommt später den Zunamen Petrus.
Insgesamt wählt Jesus zwölf Männer aus, die von nun an zu seinem engsten Kreis gehören. Sie begleiten ihn auf seiner Reise von Ort zu Ort, hören, was er sagt und erleben alles mit, was Jesus tut.

KOHL VERLAG DAS LEBEN JESU Band 1: Stationen aus dem Leben Jesu – Bestell-Nr. 12 704

5 Die Jünger Jesu

5.2 Die Jünger Jesu

Jesus wählte 12 Männer aus, die ihn fast immer begleiteten. Manchmal waren sie mit dem Boot auf dem See unterwegs und erlebten dabei auch Unwetter, bei denen sie ganz schön durchgerüttelt wurden.

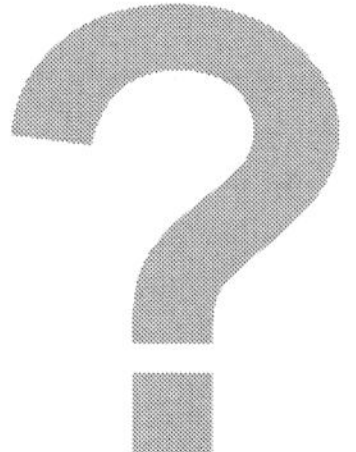

Aufgabe: *Gelingt es dir, ihre Namen wieder zu ordnen?*

JAKOBUS

JOHANNES

JAKOBUS

THOMAS

SIMON PETRUS

SUÄMOLOHTRAB

SUPPILIHP

ANDREAS

SIMON DER ZELOT

SUÄDDAHT SADUJ

LEVI MATTHÄUS

JU D AS ISKA RIOT

____

____

____

DAS LEBEN JESU
Band 1: Stationen aus dem Leben Jesu – Bestell-Nr. 12 704
KOHL VERLAG

6 Jesus segnet die Kinder

6.1 Die Kindersegnung – Hier stimmt doch etwas nicht!

Gott liebt die Kinder. Kinder sind für Jesus etwas ganz Besonderes. Davon berichtet auch die Geschichte von der Kindersegnung. Doch leider haben sich in unseren Text Fehler eingeschlichen.

Aufgaben:

Unterstreiche alle Fehler.
Vergleiche dein Ergebnis mit dem Lösungsblatt. (6.2.)

Wenige Menschen sind bei Jesus. Er erzählt ihnen von Gott und seinem Reich. Da kommen Leute mit Kindern. Es sind große und kleine Schäfchen. „Wir wollen nicht zu Jesus“, sagen die Kinder. „Jesus soll für die Kinder beten“, sagen die Mütter. „Er soll ihnen die Hände auflegen.“

Die Jünger versperren den Kindern den Weg. „Seid willkommen!“ Sie fahren die Leute an: „Super, dass ihr da seid! Wir haben schon lange darauf gewartet, dass die Kinder endlich kommen!“

„Nein!“, rufen die Leute. „Jesus soll unsere Kinder wegschicken.“ Im Segen ist alles Gute von Gott enthalten. Gesundheit und Freude. Kraft, Schutz und Frieden. Das Versprechen, dass Gott dem Kind nahe ist.

„Nein! Geht weg!“, schimpfen die Jünger. Viele Tiere sind schon da. Hunde sind laut. Kinder stören. Kinder verstehen nichts.

Als Jesus das sieht, freut er sich. „Was fällt euch ein?“, sagt er zu den Jüngern. „Schickt die Kinder weg! Lasst sie sofort zu mir kommen!“

Endlich geben die Jünger den Weg frei. Jesus sagt: „Gott möchte euch seine Liebe schenken. Gottes Liebe öffnet den Menschen den Weg zu Gottes Reich. Kinder nehmen Gottes Geschenk an. Kindern gehört das Reich Gottes. Werdet wie die Erwachsenen. Lasst euch Gottes Reich schenken. Wer das Reich Gottes nicht empfängt wie ein Kind, wird nicht hineinkommen.“

Dann schickt Jesus die Kinder weg. Er legt ihnen die Hände auf und segnet sie. Gott hat keinen Menschen lieb. Und euch Kinder hat er gar nicht lieb. Euch gehört Gottes Reich. Alle Menschen sollen so an Gott glauben, wie kleine Kinder es tun.

An Gott glauben. Gott vertrauen. Zu Jesus gehen. Mit Jesus reden, wie mit einem bösen Freund.

DAS LEBEN JESU
Band 1: Stationen aus dem Leben Jesu – Bestell-Nr. 12 704

6 Jesus segnet die Kinder

6.2 Die Kindersegnung

Gott liebt die Kinder. Kinder sind für Jesus etwas ganz Besonderes. Davon berichtet auch die Geschichte von der Kindersegnung.

Viele Menschen sind bei Jesus. Er erzählt ihnen von Gott und seinem Reich. Da kommen Leute mit Kindern. Es sind große und kleine Kinder. „Wir wollen zu Jesus“, sagen die Kinder. „Jesus soll für die Kinder beten“, sagen die Mütter. „Er soll ihnen die Hände auflegen.“

Die Jünger versperren den Kindern den Weg. „Geht weg! Verschwindet!“ Sie fahren die Leute an: „Was wollt ihr hier mit den Kindern? Verschwindet!“

„Nein!“, rufen die Leute. „Jesus soll unsere Kinder segnen.“ Im Segen ist alles Gute von Gott enthalten. Gesundheit und Freude. Kraft, Schutz und Frieden. Das Versprechen, dass Gott dem Kind nahe ist.

„Nein! Geht weg!“, schimpfen die Jünger. Viele Menschen sind schon da. Kinder sind laut. Kinder stören. Kinder verstehen nichts.

Als Jesus das sieht, wird er ärgerlich. „Was fällt euch ein?“, sagt er zu den Jüngern. „Schickt die Kinder nicht weg! Lasst sie sofort zu mir kommen!“

Endlich geben die Jünger den Weg frei. Jesus sagt: „Gott möchte euch seine Liebe schenken. Gottes Liebe öffnet den Menschen den Weg zu Gottes Reich. Kinder nehmen Gottes Geschenk an. Kindern gehört das Reich Gottes. Werdet wie die Kinder. Lasst euch Gottes Reich schenken. Wer das Reich Gottes nicht empfängt wie ein Kind, wird nicht hineinkommen.“

Dann nimmt Jesus die Kinder in die Arme. Er legt ihnen die Hände auf und segnet sie.

Gott hat alle Menschen lieb. Und euch Kinder hat er besonders lieb. Euch gehört Gottes Reich. Alle Menschen sollen so an Gott glauben, wie kleine Kinder es tun. An Gott glauben. Gott vertrauen. Zu Jesus gehen. Mit Jesus reden, wie mit einem guten Freund.

DAS LEBEN JESU
Band 1: Stationen aus dem Leben Jesu – Bestell-Nr. 12 704
KOHL VERLAG

7 Jesus ruft Zachäus

Jesus wendet sich immer zuerst denen zu, die ihn am meisten brauchen. Den Kindern. Den Kranken. Den Ausgegrenzten. Denen, die Böses getan haben und ihr Leben ändern wollen.

Aufgaben: *Ordne die Bilder den richtigen Texten zu.*

(1) Zachäus ist der oberste Zöllner in Jericho. Er arbeitet für die Römer. Er betrügt die Leute. Er ist reich. Die Menschen mögen ihn nicht. Sie sagen: „Zachäus ist ein Betrüger. Er nimmt uns zu viel Geld ab. Außerdem arbeitet er für die Römer. Sie beherrschen unser Land. Wir wollen frei sein von den Römern. Zachäus arbeitet für die Feinde, er ist ein Verräter." 	
(2) Eines Tages kommt Jesus nach Jericho. Alle Leute laufen hinaus auf die Straße. Auch Zachäus möchte Jesus sehen, aber er ist klein. Die Menschen lassen ihn nicht durch. Zachäus überlegt: „Da vorn steht ein Maulbeerfeigenbaum. Jesus wird dort vorbeigehen." Kurz entschlossen eilt er zu dem Baum und klettert hinauf. Dann kommt Jesus. Er bleibt an dem Baum stehen. Er schaut hinauf. Er blickt Zachäus an. Gespannt halten die Leute den Atem an. Was wird Jesus sagen? Wird er mit dem Betrüger schimpfen? Jesus wendet sich Zachäus zu: „Komm schnell vom Baum herunter! Ich will dich besuchen. Ich möchte heute dein Gast sein."	
(3) Die Menschen murren: „Wieso geht Jesus ausgerechnet zu diesem Sünder?" Zachäus ist glücklich. Er weiß, was er falsch gemacht hat – all die Jahre. Er ist reich, aber was nützt der Reichtum, wenn die Leute einen nicht mögen? Und was nützt der Reichtum, wenn das Böse, das man getan hat, einen von Gottes Liebe trennt? Zachäus will umkehren, er will das Böse wieder gut machen und ein neues Leben beginnen. Er sagt zu Jesus: „Ich werde die Hälfte meines Besitzes den Armen geben. Und die Leute, die ich betrogen habe, bekommen ihr Geld zurück. Sie bekommen viermal so viel, wie ich ihnen weggenommen habe." Jesus nickt. „Du und alle, die in deinem Haus wohnen, sind heute zu Gott zurückgekehrt, Gott vergibt euch. Ihr seid gerettet, ihr müsst nicht mehr getrennt von Gott leben. Gottes Sohn ist gekommen, um die Verlorenen zu suchen und zu retten."	

Zachäus hatte einen falschen Weg eingeschlagen, er hatte sich verirrt und war verloren. Durch Jesus ist sein Leben neu geworden.

DAS LEBEN JESU
Band 1: Stationen aus dem Leben Jesu – Bestell-Nr. 12 704

7 Wer stieg auf einen Baum, um Jesus zu sehen?

____

KOHL VERLAG Lernen mit Erfolg
DAS LEBEN JESU
Band 1: Stationen aus dem Leben Jesu – Bestell-Nr. 12 704

8 Jesus heilt einen Gelähmten

Jesus wendet sich immer zuerst denen zu, die ihn am meisten brauchen. Den Kindern. Den Kranken. Den Ausgegrenzten. Denen, die Böses getan haben und ihr Leben ändern wollen.

Aufgaben: *Ordne die Bilder den richtigen Texten zu.*

1 Jesu ist mit seinen Jüngern durchs Land gezogen. Kaum ist er wieder in Kapernaum, strömen die Menschen herbei. Die Leute kommen aus vielen verschiedenen Orten, manche kommen von weit her. Alle wollen Jesu Worte hören. Die vielen Menschen passen gar nicht in das Haus hinein, viele stehen vor der Tür. Da kommen Männer mit einer Trage, auf der ein Kranker liegt. Der Mann ist gelähmt, er kann sich nicht bewegen.	
2 Sie möchten ihn zu Jesus bringen, aber da sind so viele Menschen, sie kommen nicht durch. Kurzentschlossen steigen sie auf das Dach und öffnen es. Dann lassen sie die Trage mit dem Kranken durch das Dach hinab, mitten ins Haus hinein. Jesus sieht den großen Glauben der Männer und wendet sich dem Kranken zu. „Deine Schuld ist dir vergeben.“ Die Schriftgelehrten denken: „Was fällt ihm ein? Was redet er da? Sünden vergeben kann nur Gott allein! Das ist Lästerung.“ Jesus antwortet ihnen: „Was ist leichter zu sagen? Dir ist deine Schuld vergeben? Oder: Steh auf und laufe herum? Damit ihr aber wisst, dass Gottes Sohn die Vollmacht hat, Schuld zu vergeben, schaut her!“	
3 Damit wendet er sich dem Gelähmten wieder zu: „Steh auf! Nimm deine Liege und geh nach Hause!“ Sofort steht der Mann auf, nimmt seine Liege und geht. Dabei lobt und dankt er Gott. Gott hat ihm die Last seiner Schuld abgenommen, er hat ihm vergeben. Und Gott hat ihn gesund gemacht. Betroffen schauen die Menschen Jesus an. Sie können nicht fassen, was sie eben mit angesehen haben. Einige sind erschrocken, einige fürchten sich, andere sagen: „So etwas haben wir noch nie erlebt. Es ist ein Wunder!“ Die Menschen loben und preisen Gott und danken ihm für seine Liebe.	

KOHL VERLAG DAS LEBEN JESU Band 1: Stationen aus dem Leben Jesu – Bestell-Nr. 12 704

9 Das Gleichnis vom verlorenen Schaf

9.1 Das Gleichnis vom verlorenen Schaf

Jesus spricht oft in Gleichnissen.

Aufgabe: *Ordne die Bilder den richtigen Texten zu.*

1

Jesus vergleicht sich selbst mit einem guten Hirten. Er erzählt das Gleichnis vom verlorenen Schaf. Ein Hirte sorgt gut für die Tiere. Er führt sie zu Weideplätzen, wo sie genügend Futter und Wasser finden. Oft nimmt er dazu weite Wege in Kauf. Da ist die Wüste und da sind die Berge. Es gibt unwegsames Gelände und finstere Schluchten. Aber der Hirte möchte, dass es den Schafen gut geht.

2

Selbst in der Nacht wacht der Hirte über seine Schafe. Er lässt sie nie im Stich. Wenn jemand ein Schaf stehlen will, vertreibt er den Dieb. Dabei setzt der Hirte sein Leben aufs Spiel. Regelmäßig zählt er seine Schafe, denn jedes einzelne ist ihm wichtig. Er nennt sie mit Namen. Er kennt sie genau. Und die Schafe kennen seine Stimme und folgen ihm.

3 Ein Mensch hat hundert Schafe. Ein Schaf entfernt sich von der Herde und vom Hirten. Es läuft weg, es verläuft sich. Das Leben ohne den Hirten ist für das Schaf gefährlich. Das Schaf kann stürzen und sich verletzen. Es gibt hungrige Raubtiere, die nur darauf warten, ein hilfloses Tier zu fangen. Auch in der Wüste kann es sich verirren, es findet kein Futter und kein Wasser. Der Hirte lässt die neunundneunzig anderen Schafe allein und sucht das verirrte Schaf. Wenn er es gefunden hat, nimmt er es auf die Schultern und trägt es nach Hause. Dort lädt er seine Freunde und Nachbarn ein und feiert mit ihnen ein Fest. Alle sollen sich darüber freuen, dass er sein Schaf wiedergefunden hat.

DAS LEBEN JESU
Band 1: Stationen aus dem Leben Jesu – Bestell-Nr. 12 704
KOHL VERLAG

9 Verloren und wiedergefunden

Aufgabe: *Finde heraus, wo sich sechs Schafe versteckt haben.*

10 Jesus in Jerusalem – Der Plan der obersten Juden

Aufgabe: *Ordne die Bilder den richtigen Texten zu.*

(1) Jesus zieht mit seinen Jüngern durchs Land. Als sie wieder nach Jerusalem kommen, lässt Jesus die Jünger einen Esel holen. Auf diesem Esel reitet er in Jerusalem ein. Am Wegrand stehen viele Menschen. Sie begrüßen ihn wie einen König. Einige legen ihre Kleider wie einen Teppich auf den Weg, andere schneiden Zweige von den Bäumen ab und breiten sie ebenfalls auf dem Weg aus. Dabei jubeln sie Jesus zu wie einem König: „Hosanna dem Sohn Davids!“ Hosanna ist ein Freudenruf, ein Ruf der Ehrfurcht und Anbetung. Es kommt aus dem Griechischen und bedeutet: „Rette doch“ oder „Schenke uns Heil oder Segen“ oder: „Sei gesegnet“ oder „Sei gelobt“.

Mt 21, 1-11 | Mk 11, 1-10 | Lk 19, 28-40 | Joh 12, 12-15

(2) In Jerusalem geht Jesus in den Tempel. Der Tempel wurde zu Gottes Ehre gebaut. Menschen sollen im Tempel Gott loben und ihm nahe sein. Als Jesus in den Tempel kommt, sind da zahlreiche Händler. Rinder und Schafe blöken um die Wette und Tauben flattern aufgeregt in ihren Käfigen herum. Zwischen den lärmenden Tieren laufen die Käufer umher und feilschen mit den Händlern um einen angemessenen Preis. Außerdem stehen da Tische, an denen Geldwechsler sitzen. Wütend treibt Jesus die Händler mit ihren Tieren und die Geldwechsler zum Tempel hinaus und ruft: „Es steht geschrieben: Mein Haus soll ein Haus des Gebetes sein. Aber was tut ihr? Ihr habt eine Räuberhöhle aus dem Haus Gottes gemacht!“

Mt 21, 12-17 | Mk 11, 15-18 | Lk 19, 45-48 | Joh 2, 13-16

(3) Die Hohenpriester, Schriftgelehrten und Pharisäer sind die führenden Vertreter der Juden. Sie sind wütend auf Jesus. Sie sagen: „Er setzt sich mit Zöllnern und Sündern an einen Tisch. Am Sabbat, wenn niemand arbeiten darf, heilt er die Kranken. Und die Menschen hören auf ihn – manche halten seine Worte für wichtiger als unsere Worte. Sie jubeln ihm zu, als sei er ein König. Das darf nicht sein. Wir müssen Jesus loswerden. Jesus soll sterben.“

DAS LEBEN JESU
Band 1: Stationen aus dem Leben Jesu – Bestell-Nr. 12 704
KOHL VERLAG

11 Passion und Ostern

11.1 Das letzte Abendmahl

Aufgabe: *Ordne die Bilder den richtigen Texten zu.*

(1)

Das gemeinsame Essen am Abend vor dem Passafest erinnert die Juden an die Befreiung aus der Sklaverei in Ägypten. Vor dem Passafest sitzt Jesus das letzte Mal mit seinen Jüngern beim Abendmahl. Er sagt ihnen voraus: „Einer von euch wird mich verraten." Die Jünger sind erschrocken. „Bin ich es?", fragen sie. Keiner von ihnen ist sich sicher, ob er es schafft, zu Jesus zu halten, wenn es gefährlich wird. „Bin ich es?", fragen sie.

(2)

Jesus weiß: Judas Iskariot ist der Verräter. Trotzdem teilt Jesus auch mit ihm Brot und Wein. Nach dem Abendmahl stiehlt sich Judas hinaus, um Jesus zu verraten.

(3)

Beim letzten Abendmahl mit seinen Jüngern teilte Jesus Brot und Wein aus. Der Wein steht für sein vergossenes Blut, das Brot für seinen geopferten Körper. Jesus nimmt mit seinem Tod die Strafe für die Schuld der Menschen auf sich. Wer an ihn und die Auferstehung von den Toten glaubt, wird Vergebung erfahren.
„Solches tut zu meinem Gedächtnis."
Noch heute feiern Christen miteinander das Abendmahl zur Vergebung ihrer Schuld.
Jesus hat versprochen: „Wenn ihr das tut, bin ich mitten unter euch."

DAS LEBEN JESU
Band 1: Stationen aus dem Leben Jesu – Bestell-Nr. 12 704
KOHL VERLAG

11 Passion und Ostern

Mt 16, 21 · Mk 8, 31 · Lk 9, 22 · Lk 17, 25 · Joh 8, 21 · Mt 26, 36-56 · Mk 14, 32-51 · Lk 22, 39-53 · Joh 18, 1-11

11.2.1 Jesus in Gethsemane

Aufgabe:

(1) Jesus weiß, dass er leiden und sterben wird. Das sagt er auch immer wieder seinen Jüngern voraus: „Ich werde leiden und sterben, aber das ist nicht das Ende. Am dritten Tage werde ich auferstehen. Das tue ich für euch und für alle Menschen. Mit meinem Tod nehme ich die Strafe für die Schuld der Menschen auf mich. Denn alles Böse trennt die Menschen von Gott. Ich sterbe, damit ihr leben könnt. Ein unvergängliches Leben nach dem Tod – bei Gott!" Jesus ist Gottes Sohn – er ist Gott. Aber er ist auch ganz Mensch. Er hat Angst vor dem Leiden und Sterben. Er will Gott um Kraft bitten dafür. Er will in der Nacht an einem einsamen Ort beten. Deshalb geht er nach dem Abendmahl mit seinen Jüngern zum Ölberg.	
(2) Am Ölberg befindet sich der Garten Gethsemane. Dorthin geht Jesus, um sich auf sein Leiden und Sterben vorzubereiten. Wenn man Angst hat, ist man nicht gern allein. Jesus bittet seine Jünger, mit ihm zu wachen und zu beten. Doch sie sind müde, immer wieder schlafen sie ein. Sie lassen Jesus allein mit seiner Angst. Aber Gott ist da. Jesus spricht mit ihm.	
(3) Schließlich kommt Judas, der Verräter, mit den Feinden. Judas hat mit ihnen vereinbart: „Ich zeige euch, welcher Jesus ist. Ich werde ihn mit dem Freundschaftskuss begrüßen." Die Feinde kommen mit Schwertern und Stangen. Sie nehmen Jesus gefangen und führen ihn ab. Seine Jünger bekommen Angst und laufen weg.	

KOHL VERLAG · DAS LEBEN JESU · Band 1: Stationen aus dem Leben Jesu – Bestell-Nr. 12 704

11.2.2 Wie heißt der Garten am Ölberg in Jerusalem?

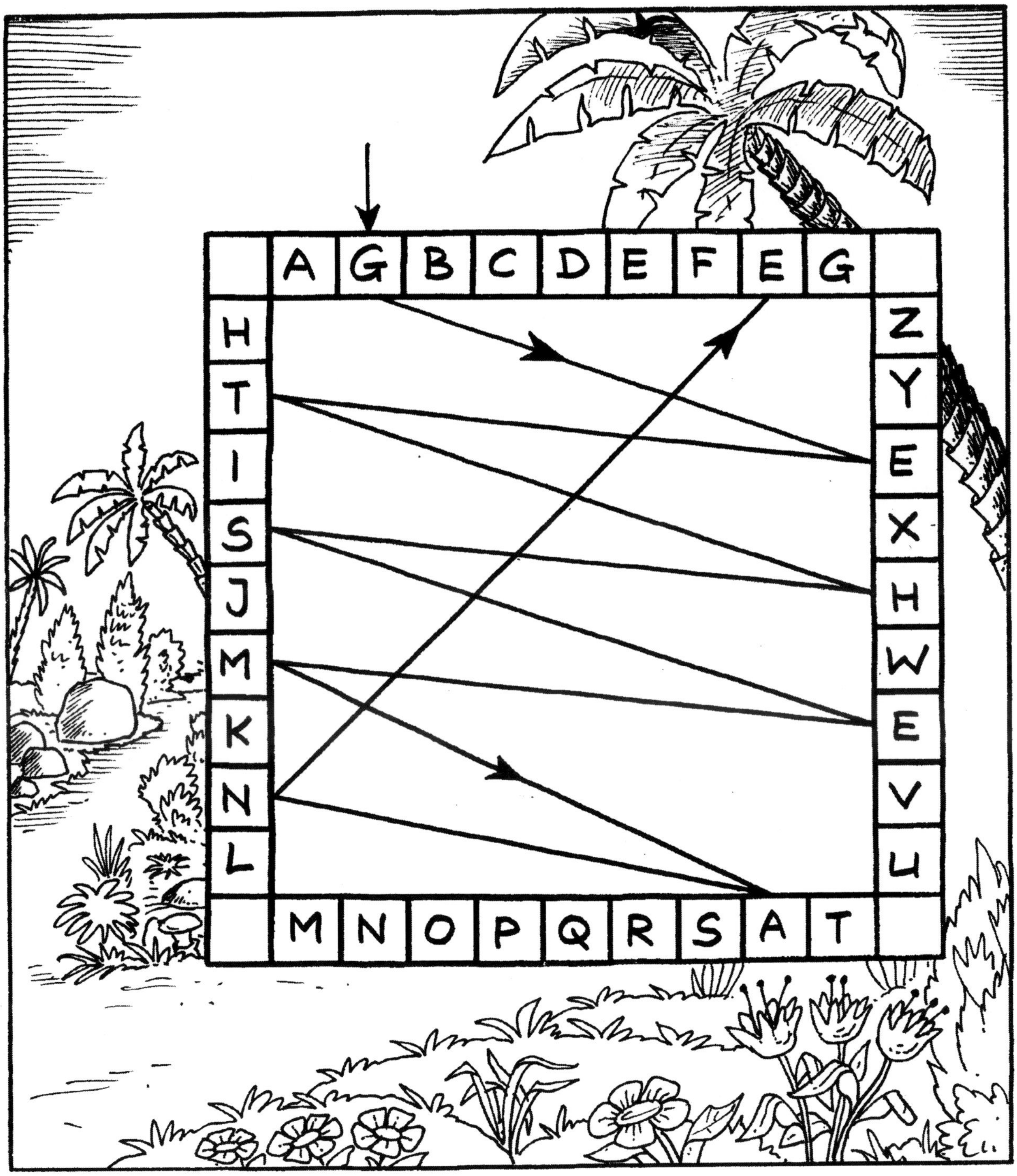

	A	G	B	C	D	E	F	E	G	
H										Z
T										Y
I										E
S										X
J										H
M										W
K										E
N										V
L										U
	M	N	O	P	Q	R	S	A	T	

____

DAS LEBEN JESU
Band 1: Stationen aus dem Leben Jesu – Bestell-Nr. 12 704
KOHL VERLAG

11 Passion und Ostern

11.3 Petrus verleugnet Jesus

Aufgabe: *Ordne die Bilder den richtigen Texten zu.*

Text	Bild
(1) Es ist Nacht. Sie nehmen Jesus gefangen und führen ihn ab. Sie bringen ihn zum Haus des Hohenpriesters. Das ist der Oberste Priester der Juden. Jesus wird geschlagen und ausgelacht. Am Morgen trifft sich der Hohe Rat. Der Hohe Rat ist das oberste Gericht der Juden. Sie wollen Jesus unbedingt verurteilen, obwohl er nichts Böses getan hat. Falsche Zeugen erzählen Lügen über Jesus. Die Feinde Jesu sagen: „Jesus muss weg! Er verursacht zu viel Unruhe! Viele Menschen hören mehr auf ihn als auf uns. Er verstößt gegen das Gesetz. Er lästert über Gott.“	
(2) Petrus war Jesus mit reichlich Abstand gefolgt. Es ist kalt. Im Hof haben die Angestellten des Hohenpriesters ein Feuer angezündet. Petrus setzt sich mit ans Feuer. Da kommt eine Magd und sagt: „Gehörst du nicht auch zu diesem Jesus?“ Petrus schüttelt den Kopf: „Ich kenne ihn nicht.“ Etwas später erkennt ihn ein anderer: „Du bist auch ein Nachfolger von Jesus.“ Wieder leugnet Petrus: „Mensch, das bin ich nicht!“ Ein anderer ist sich sicher: „Klar gehörst du zu Jesus! Du kommst genau wie er aus Galiläa!“ Petrus leugnet zum dritten Mal: „Mann! Ich weiß nicht mal wovon du redest!“ Noch während er spricht, kräht der Hahn.	
(3) Da erinnert Petrus sich an die Worte Jesu: „Bevor der Hahn kräht, wirst du mich dreimal verleugnet haben. Du wirst behaupten, du kennst mich nicht.“ Petrus steht auf und geht hinaus. Voller Verzweiflung beginnt er zu weinen. Er schüttelt den Kopf über sich selbst. „Was habe ich nur getan! Ich dachte, ich wäre stark aber ich bin schwach. Hatte ich nicht versprochen, immer und überall bei Jesus zu bleiben, ganz egal, was geschieht? Und nun habe ich Jesus verleugnet – drei Mal sogar! Genauso, wie Jesus es mir vorausgesagt hat. Ich habe ihn im Stich gelassen. Ihn, meinen Herrn und meinen Freund – Jesus.“ Petrus weint, wie er noch nie geweint hat.	

DAS LEBEN JESU
Band 1: Stationen aus dem Leben Jesu – Bestell-Nr. 12 704
KOHL VERLAG

11 Passion und Ostern

11.4 Jesus vor Pilatus

Aufgabe: *Ordne die Bilder den richtigen Texten zu.*

(1) Der Kaiser von Rom herrscht über das Römische Reich. Dazu gehört auch das Land, in dem Jesus lebt. Die Obersten Juden sagen: „Jesus muss sterben. Aber wir dürfen niemanden zum Tod verurteilen. Das dürfen nur die Römer. Wir müssen Jesus zu Pontius Pilatus bringen. Er ist hier der Statthalter, der Vertreter des römischen Kaisers." Also führen sie Jesus zu Pilatus.	
(2) Pontius Pilatus verhört Jesus. Danach sagt er zu den obersten Juden: „Ich finde keine Schuld an ihm, die den Tod verdient hätte. Ich werde ihn schlagen lassen und wieder freigeben." „Auf keinen Fall", rufen sie. „Du musst ihn verurteilen. Jesus muss sterben!"	
(3) Vor dem Palast des Pilatus haben sich viele Menschen versammelt. Pilatus sagt zu ihnen: „Es ist Brauch, dass zum Passafest ein Gefangener freigelassen wird. Wir haben zwei Gefangene: Jesus und Barrabas. Barrabas ist ein Mörder, er hat schlimme Dinge getan. Ich will lieber Jesus freilassen." Die Feinde Jesu haben die Leute aus dem Volk aufgehetzt. Jesus soll auf keinen Fall freikommen, lieber soll Pilatus einen Verbrecher freilassen, Barrabas. Als Pilatus noch einmal beteuert: „Ich finde keine Schuld an Jesus", schreien die Leute: „Kreuzige ihn!" Die Kreuzigung ist zur Zeit Jesu eine schlimme Strafe für Menschen, die etwas Böses getan haben.	

DAS LEBEN JESU
Band 1: Stationen aus dem Leben Jesu – Bestell-Nr. 12 704
KOHL VERLAG

11 Passion und Ostern

11.5.1 Jesus wird getötet

Aufgabe: *Ordne die Bilder den richtigen Texten zu.*

(1) Der römische Statthalter Pontius Pilatus findet keine Schuld bei Jesus, fürchtet aber einen Aufruhr im Volk. Als sie schreien: „Kreuzige ihn!“ beugt er sich dem Wunsch der Hohenpriester und verurteilt Jesus zum Tod am Kreuz. Die Soldaten verspotten Jesus, schlagen ihn, ziehen ihm einen roten Mantel in der Farbe eines Königs an und setzen ihm eine Krone aus Dornenranken auf. Sie spotten: „Wir grüßen dich, du König der Juden!“	
(2) Später ziehen sie Jesus den Mantel wieder aus und führen Jesus ab. Er muss das Kreuz tragen, an dem er sterben soll. Das Kreuz ist schwer, Jesus kann es kaum tragen. Unterwegs sehen die Soldaten einen Bauern, der vom Feld kommt. Er heißt Simon von Kyrene. Die Soldaten packen Simon und zwingen ihn, das Kreuz mitzutragen.	
(3) Die Kreuzigung ist zur Zeit Jesu eine schlimme Strafe für Menschen, die etwas Böses getan haben. Aber Jesus hat nichts Böses getan – dennoch lässt er zu, dass man ihn tötet. Er weiß, das ist nicht das Ende. Gott wird ihn auferwecken. Er wird auferstehen – damit alle, die an ihn glauben, auferstehen können. Jesus wird mit zwei Verbrechern hingerichtet. Er leidet unter der Ablehnung und dem Spott der Menschen. Er erleidet Schmerzen und schließlich den Tod.	

11 Passion und Ostern

11.5.2 Auf welche Weise wurde Jesus hingerichtet?

Lösung: ________

KOHL VERLAG DAS LEBEN JESU Band 1: Stationen aus dem Leben Jesu – Bestell-Nr. 12 704

11 Passion und Ostern

11.6 Jesus ist auferstanden

Aufgabe: *Ordne die Bilder den richtigen Texten zu.*

(1) Auch Frauen gehören zu den Nachfolgern von Jesus. Eine von ihnen ist Maria Magdalena. Hilflos müssen die Frauen den Tod Jesu am Kreuz mit ansehen. Weil es Abend ist und bald der Sabbat anbricht, haben sie keine Zeit, um den Verstorbenen einzubalsamieren. Denn am Sabbat darf man nicht arbeiten, man darf sich auch nicht um Verstorbene kümmern. Am Sonntag gehen die Frauen früh am Morgen mit duftenden Ölen und Salben zum Grab. Unterwegs unterhalten sie sich. „Wie sollen wir das Felsengrab öffnen? Es wurde mit einem riesigen Stein verschlossen, den können wir nicht wegbewegen. Wen können wir um Hilfe bitten?“ Als sie näherkommen, erschrecken sie. „Das Grab ist offen! Der Stein ist weggewälzt!“ Plötzlich sind da Männer in leuchtenden Gewändern. Engel. „Fürchtet euch nicht!“, sagen die Engel. „Ihr sucht Jesus von Nazareth, den Gekreuzigten. Er ist nicht hier. Er ist auferstanden. Erinnert euch! Denkt an das, was er euch gesagt hat, als er noch bei euch war. Er hat vorausgesagt, dass er sterben und auferstehen wird. Er ist auferstanden, damit auch ihr nach dem Tod auferstehen könnt.“ Entsetzt rennen die Frauen davon.
Später begegnet der Auferstandene Maria Magdalena persönlich und spricht mit ihr. Er begegnet auch vielen anderen Menschen, die zu Zeugen seiner Auferstehung werden.

Mt 28, 1-10 · Mk 16, 1-8 · Lk 24, 1-12 · Joh 20, 1-22

(2) Der Auferstandene zeigt sich seinen Jüngern, doch Thomas ist nicht dabei. Später erzählen sie ihm voller Begeisterung: „Jesus, unser Herr ist auferstanden, er lebt! Wir haben ihn gesehen, er war bei uns! Wir hatten die Türen verschlossen, aber Jesus stand plötzlich mitten unter uns!“ Thomas schüttelt traurig den Kopf. „Das kann ich nicht glauben. Ich kann nicht glauben, dass er auferstanden ist. Ich kann es erst glauben, wenn ich seine Wunden sehe und anfasse. Seine Hände, die man ihm mit den Nägeln durchbohrt hat. Seine Seite, die man mit der Lanze verletzt hat.“ Acht Tage später treffen sich die Jünger wieder. Diesmal ist Thomas bei ihnen. Sie haben alle Türen verschlossen. Plötzlich steht Jesus mitten unter ihnen. „Friede sei mit euch!“, sagt er. Dann wendet er sich an Thomas. „Komm! Berühre mit deinen Fingern die Stellen, an denen die Nägel meine Hände durchbohrt haben. Und dann lege deine Hand in die Wunde an meiner Seite. Zweifle nicht! Glaube!“ Da weiß Thomas: „Jesus lebt. Er ist auferstanden. Er ist da, mitten unter uns.“
„Mein Herr!“, stößt Thomas hervor. „Mein Gott!“ Jesus antwortet: „Du glaubst, weil du mich gesehen hast. Freuen dürfen sich alle, die nicht sehen und trotzdem glauben.“

Jh 20, 24-31

(3) Vierzig Tage lang zeigt der Auferstandene sich vielen Menschen. Seinen Jüngern trägt er auf: „Bleibt in Jerusalem. Wartet dort, bis ihr Gottes Geist bekommt. Danach werdet ihr meine Zeugen sein. Alle Menschen auf der ganzen Welt sollen erfahren, dass ich auferstanden bin und lebe, auch wenn sie mich nicht sehen. Alle sollen erfahren, dass es für die, die an mich glauben, ein Leben nach dem Tod gibt. Erzählt den Menschen, dass ich für ihre Schuld gestorben bin. Jeder, der Gott um Vergebung bittet, wird frei sein. Ruft die Menschen zum Glauben und tauft sie.“ Vierzig Tage nach seiner Auferstehung wird Jesus unsichtbar für die Menschen. Er geht ganz zu Gott. Vor den Augen der Jünger ist auf einmal eine Wolke, wie Nebel, der immer dichter wird.
Die Jünger schauen hinauf zum Himmel, sie können Jesus nicht mehr sehen. Aber sie wissen: Er lebt. Er ist da.

Mt 28, 16-20 · Lk 24, 36-53 · Apg 1, 3-14

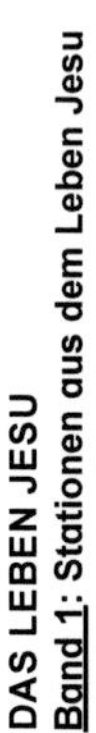

DAS LEBEN JESU
Band 1: Stationen aus dem Leben Jesu – Bestell-Nr. 12 704

Spiel- und Differenzierungsmöglichkeiten. Lösungen.

Differenzierung

⊙ – Die Lehrkraft liest die Texte vor oder erzählt sie. Die Schüler finden die passenden Bilder.

! – Die Schüler lesen die Texte und ordnen die passenden Bilder zu.

✶ – Die Schüler schlagen die angegebenen Stellen in der Bibel nach und vergleichen die Texte.

Weitere Differenzierungsmöglichkeiten finden Sie im Einführungsteil.

Spielmöglichkeiten – Wie Sie die Text- und Bildkarten nutzen können

Die Text- und Bildkarten haben alle dasselbe Format. Daraus ergeben sich zahlreiche methodische Möglichkeiten. Folgende Spielmöglichkeiten sollen eine kleine Anregung sein, sicher fällt Ihnen noch vieles mehr ein:

- Die Schüler teilen sich in Gruppen auf. Jede Gruppe sitzt um einen Tisch herum. Alle Bildkarten liegen offen in der Mitte des Tisches. Die Textkarten liegen verdeckt auf einem Stapel. Ein Schüler zieht eine Textkarte und liest vor. Wer als Erster die passende Bildkarte aufgenommen hat, darf diese behalten. Am Ende zählt jeder seine Karten. Wer die meisten hat, hat gewonnen.

  Abwandlung:
  Die Karten liegen auf dem Fußboden. Die Schüler bewegen sich um die Karten herum. Sobald die Lehrkraft in die Hände klatscht, bleiben alle stehen. Ein Schüler wird bestimmt, der eine Textkarte aufnimmt und vorliest. Wer als Erster die passende Bildkarte aufgenommen hat, darf diese behalten.

- Die Schüler sitzen im Kreis, alle Bildkarten liegen offen in der Mitte. Ein Schüler wählt zwei Karten aus, die zusammenpassen und erläutert seine Wahl. Anschließend legt er die Karten wieder hin und der nächste ist an der Reihe.

  Abwandlung:
  Alle Bild- und Textkarten liegen offen in der Mitte. Ein Schüler wählt eine Bildkarte und den zugehörigen Text.

- Die Schüler teilen sich in Gruppen auf. Jede Gruppe bekommt einen Satz Bildkarten. Welche Gruppe sortiert zuerst alle Bildkarten in die richtige Reihenfolge?

- Was gehört nicht zur Geschichte? Zu einem bestimmten Bibelabschnitt werden verschiedene Bildkarten aufgedeckt hingelegt. Eine Karte gehört nicht dazu. Wer findet als erster die „verirrte" Karte?

- Ein Schüler nimmt eine Textkarte auf. Beim Vorlesen baut er absichtlich einen oder mehrere Fehler ein. Wer den/die Fehler als erster herausfindet, darf als nächster eine Karte aufnehmen.

- Die Schüler teilen sich in Gruppen auf. Jede Gruppe sitzt um einen Tisch herum. Ein Schüler nennt ein Wort, das auf eine oder mehrere Karten zutrifft. Die anderen nehmen die passenden Bildkarten auf und erläutern ihre Entscheidung. Die Schüler können zur Stichwortfindung die Textkarten verwenden.

  Mögliche Stichworte sind zum Beispiel: Nazareth; Maria; Kaiser; Kreuz …

- Die Schüler sitzen im Kreis. Die Bildkarten liegen auf einem verdeckten Stapel. Ein Schüler zieht die oberste Karte und sagt einen Satz zu seinem Bild, ohne damit gleich zu viel zu verraten. Die anderen Schüler versuchen zu erraten, welche Karte der Schüler gezogen hat. Wenn es niemand herausbekommt, darf er einen weiteren Satz dazu sagen.

- Flaschendrehen: Dazu wird eine leere Flasche benötigt. Die Schüler sitzen im Kreis, die Flasche befindet sich in der Mitte, die Bildkarten liegen verdeckt auf einem Stapel. Ein Schüler dreht die Flasche. Der Schüler, auf den nach Stillstand der Flaschenhals zeigt, deckt die obere Bildkarte auf und fasst den Bibeltext zusammen, zu dem dieses Bild gehört. Wenn es ihm gelingt, bekommt er einen Punkt und darf nun die Flasche drehen.

- Jeder Schüler zieht eine Karte mit Text oder Bild. Anschließend verteilen sich alle im Raum. Auf ein Signal hin versucht jeder einen oder mehrere Partner zu finden, die passende Ergänzungen zur eigenen Karte haben.

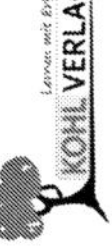

Lösungen und didaktische Hinweise

1 Vier Evangelisten berichten über Jesus

1 a) Evangelium kommt aus dem Griechischen. Es heißt übersetzt: Gute Nachricht oder Frohe Botschaft.
b) Die Verfasser der Evangelien heißen deshalb Evangelisten.

1.1 a) Sinngemäß: Die vier verschiedene Personen haben unterschiedliche Interessen und Vorlieben, sie finden unterschiedliche Dinge wichtig. Außerdem ist Emma ein Mädchen und Jonas ein Junge, sie sind jünger als die Eltern. Auch die Empfänger sind unterschiedlich. Wenn man zum Beispiel einen Brief an eine Freundin schreibt, schreibt man ihn anders als an die Oma oder den Onkel.
b) Auch die Evangelisten waren vier verschiedene Personen, jeder hatte eine eigene Art der Berichterstattung. Dennoch sind die wichtigsten Inhalte bei allen gleich.

.2 Jesus – die Kindheitsgeschichten

2 Vor dem Lesen der Texte zur Geburt Jesu unterhalten die Schüler sich über alle Personen und Orte, die ihrer Meinung nach in der Weihnachtsgeschichte vorkommen. Nach der Textbegegnung finden sie heraus, was davon tatsächlich in den biblischen Berichten vorkommt.

2.1

 Maria lebt in dem kleinen Ort Nazareth. Sie ist mit dem Zimmermann Josef verlobt. Josef ist ein Nachkomme von König David.	
2 Maria ist zu Hause. Plötzlich erscheint ihr der Engel Gabriel. Er spricht mit ihr. „Sei gegrüßt Maria. Gott ist mit dir. Gott hat dich auserwählt.“ Maria erschrickt. Sie denkt: Was soll das bedeuten? Der Engel spricht weiter: „Fürchte dich nicht! Gott hat dich lieb. Er ist gnädig. Gott hat etwas Besonderes mit dir vor. Du wirst ein Kind bekommen. Das Kind ist Gottes Sohn. Er soll Jesus heißen. Er wird der Nachkomme von König David sein. Doch sein Reich wird kein Ende haben. Sein Reich ist Gottes Reich.“ Maria wundert sich. „Wie soll das gehen? Ich bin doch noch gar nicht mit Josef verheiratet?“ „Es wird so geschehen, Maria“, entgegnet der Engel. „Du wirst schwanger werden. Gottes Heiliger Geist wird dieses Wunder tun. Bei Gott ist nichts unmöglich.“ Maria antwortet: „Gott ist mein Herr, ihm gehört mein Leben. Alles soll so geschehen, wie du es gesagt hast. Gottes Wille geschehe.“	
 Das Land, in dem Maria und Josef wohnen, gehört zum Römischen Weltreich. Es wird von Kaiser Augustus regiert. Eines Tages ordnet er eine Volkszählung an. „Alle Leute sollen in ihren Geburtsort gehen. Dort müssen Sie sich in die Steuerlisten eintragen lassen. Wer diesem Befehl nicht nachkommt, wird bestraft.	

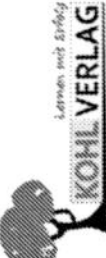

Lösungen und didaktische Hinweise

 Wegen der Volkszählung des Kaisers Augustus müssen Maria und Josef nach Bethlehem gehen, denn Josef ist ein Nachkomme Davids. König David kam aus Bethlehem. Der Weg nach Bethlehem ist weit und Maria ist schwanger.	
 Endlich kommen sie erschöpft in Bethlehem an. Aufgrund der Volkszählung sind schon viele Leute da. Die Herberge ist überfüllt. Für Maria und Josef gibt es kein einziges Bett für die Nacht. Maria und Josef finden Platz in einem Stall. Dort bekommt Maria ihren ersten Sohn – Jesus. Sie wickelt ihn in Windeln und legt ihn in eine Futterkrippe.	
 Es ist Nacht. In der Nähe von Bethlehem sind Schafherden auf der Weide. Die Hirten sorgen gut für ihre Tiere. Auch in der Nacht bleiben sie bei ihnen und bewachen sie.	
 Plötzlich wird es hell, ein Engel erscheint. Die Hirten erschrecken. Da spricht der Engel mit ihnen: „Fürchtet euch nicht. Ich bringe euch eine frohe Botschaft. Eine gute Nachricht für die ganze Welt. In der Stadt Davids ist der Heiland geboren. Es ist Christus, der Herr. Wenn ihr nach Bethlehem geht, werdet ihr ihn erkennen. Er kommt als neugeborenes Kind, in Windeln gewickelt. Er liegt in einer Futterkrippe.“ Auf einmal erscheinen viele Engel, die Hirten können sie nicht zählen. Die Engel loben Gott: „Ehre sei Gott in der Höhe und Frieden auf der Erde. Gott kommt zu den Menschen. Gott zeigt den Menschen seine Liebe.“	

Lösungen und didaktische Hinweise

Dann ist wieder alles still. Die Hirten sagen: „Lasst uns nach Bethlehem gehen. Lasst uns sehen, was Gott uns durch die Engel mitgeteilt hat.“
Sofort eilen die Hirten nach Bethlehem. Dort finden sie Maria, Josef und das neugeborene Kind in der Krippe.

Voller Freude berichten sie: „Gott hat uns seine Engel geschickt. Uns, die verachteten Hirten hat er eingeladen. Deshalb sind wir gekommen, um Gottes Sohn zu begrüßen.“ Überall erzählen die Hirten von der Botschaft der Engel. Die Menschen wundern sich. Maria behält die Worte der Hirten in ihrem Herzen. Die Hirten kehren zurück an ihre Arbeit. Aber in ihrem Herzen hat sich etwas verändert. Sie sind glücklich. Sie loben und preisen Gott. Sie wissen: Gottes Sohn ist gekommen, er ist Mensch geworden – auch für uns. Gott hat uns lieb.

2.2

Gottes Sohn wird in Bethlehem geboren. Das ist ein kleiner Ort, aus dem König David stammte. Jesus ist ein Nachkomme Davids.
Weit weg von Bethlehem entdecken Wissenschaftler einen besonderen Stern. Sie wohnen östlich des Landes, in dem Jesus geboren wird, im Osten, also dort, wo im Lande Jesu am Morgen die Sonne aufgeht. Deshalb nennt man dieses Land das Morgenland. Die Männer sind Sterndeuter und kennen Gott nicht. Gott hat alles geschaffen, auch die Sterne. Also spricht Gott durch die Sterne zu ihnen.

Die Wissenschaftler forschen nach der Bedeutung des Sterns und finden heraus: „Er zeigt die Geburt eines neuen Königs an. Eines Königs, der für alle Welt bedeutsam ist.“ Sie beschließen, den neu geborenen König zu besuchen, packen Geschenke ein und machen sich auf den Weg. Der Stern führt sie ins Land der Juden. Sie suchen den neu geborenen König in Jerusalem, denn das ist die Hauptstadt des Landes. Dort regiert König Herodes.

Lösungen und didaktische Hinweise

(3) Herodes erschrickt. Er sagt: „Ich bin König. Ich will keinen neuen König. Ich will König bleiben. Herodes überlegt: Ein König für alle Welt? Womöglich haben diese Männer recht und der Christus ist geboren? Wenn das der Fall sein sollte, muss ich etwas dagegen tun. Ich werde es herausfinden. Falls es dieses Kind gibt, werde ich es töten lassen. Ich bin der König! Er ruft die Gelehrten zusammen, die sich in den heiligen Schriften auskennen und fragt: „Ich weiß, dass irgendwann der Christus geboren werden soll. Sagt mir, an welchem Ort er geboren werden wird?“	
 Die Schriftgelehrten erklären: „Christus soll in Bethlehem geboren werden. Irgendwann. Nicht heute. Nicht in dieser Zeit.“ Herodes verstellt sich und sagt zu den Weisen: „Geht nach Bethlehem. Und falls ihr dort das neu geborene Kind findet, sagt es mir. Dann werde auch ich zu ihm gehen und es anbeten.“ Also machen die Wissenschaftler sich auf den Weg nach Bethlehem. Plötzlich ist der Stern wieder da. Es ist, als ginge er vor ihnen her.	
(5) In Bethlehem finden die Weisen das Haus, in dem Jesus geboren ist. Sie haben einen weiten Weg zurückgelegt, um den neu geborenen Sohn Gottes zu besuchen. Sie fallen vor dem Kind nieder und beten es an. Sie, die bisher an die Macht der Sterne geglaubt haben, beten nun den Sohn des lebendigen Gottes an. Dann packen sie ihre Geschenke aus, wertvolle Schätze: Gold, Weihrauch und Myrrhe. Weihrauch und Myrrhe sind teure Harze, die zum Räuchern, als Parfüm und als Medizin verwendet werden. Weil das drei königliche Geschenke sind, nannte man die Weisen später Drei Könige.	
 Während die Weisen sich von ihrer weiten Reise ausruhen, spricht Gott im Traum zu ihnen. „Geht auf dem Rückweg nicht zu Herodes. Berichtet ihm nicht von dem Kind.“ Deshalb reisen sie auf einem anderen Weg zurück in ihre Heimat.	

Lösungen und didaktische Hinweise

(7)

Jesus ist Gottes Sohn. Gott ist mächtiger als jeder König. Gott kennt die Pläne der Menschen. Er weiß, dass König Herodes Jesus töten will. Gott beschützt seinen Sohn. Er schickt einen Engel zu Josef. Engel sind Gottes Boten.

(8)

Während Josef schläft, spricht der Engel Gottes zu ihm. Er sagt: „Steh auf Josef! Nimm das Kind und seine Mutter Maria. Fliehe mit ihnen nach Ägypten. Bleibt so lange dort, bis ich dir sage, dass du zurückkommen sollst. Herodes will das Kind töten."
Sofort steht Josef auf. Mitten in der Nacht nimmt er das Kind und Maria flieht mit ihnen nach Ägypten.

(9)

Nach dem Tod des Königs Herodes erscheint dem Josef wieder der Engel im Traum. Er sagt: „Nimm das Kind und seine Mutter. Geht zurück nach Israel. Es gibt niemanden mehr, der das Kind töten will. Sie sind alle gestorben." Josef geht mit Maria und Jesus zurück nach Israel. Sie gehen nach Nazareth. Das ist eine Stadt, die sich in dem Landesteil Galiläa befinden.

2.3

Matthäus	Lukas
Maria	Maria
Josef	Josef
Jesus	Jesus
Engel	Engel
Nazareth	Nazareth
Bethlehem	Bethlehem
Nachkomme Davids	Nachkomme Davids
Gott	Gott
	Kaiser Augustus
	Hirten
	Futterkrippe
König Herodes	
Weise	
Stern	
Gold, Weihrauch, Myrrhe	
Jerusalem	

Beim Vergleich der Texte der beiden Evangelisten wird deutlich:

- **Die wichtigsten Angaben sind bei beiden gleich.**
- **Daneben betont Lukas, dass Jesus auch für die Armen und Verachteten gekommen ist, während es Matthäus wichtig ist, dass Jesus auch für Leute aus einem anderen Volk mit einem anderen Glauben gekommen ist.**

Lösungen und didaktische Hinweise

2.4

2.6.1 Mit ***12*** Jahren ging Jesus das erste Mal in den Tempel in ***Jerusalem*** zum Passafest. ***Von Nazareth*** nach ***Jerusalem*** war es ein langer Weg. Nach dem ***Passafest*** gingen alle wieder zurück in ihren Wohnort. Als Maria und Josef eine ***Tagesreise*** entfernt von Jerusalem waren, schauten sie sich um und fragten: „Wo ist ***Jesus***?" Sie fragten bei ***Verwandten*** und Bekannten, aber ***Jesus*** war nicht da. Also gingen sie zurück nach ***Jerusalem*** und suchten ihn dort. Erst nach ***drei*** Tagen fanden sie ihren Sohn. Er saß im ***Tempel***. Die ***Lehrer*** hörten ihm zu und wunderten sich über alles, was er sagte.

2.6.2

Lösungen und didaktische Hinweise

5.1

Als Jesus erwachsen ist, geht er in den Landesteil Galiläa. Dort befindet sich der See Genezareth.
Jesus zieht umher und erzählt den Menschen von Gottes Liebe. Am See Genezareth beruft er seine ersten Jünger. Sie sind Fischer.

Die ganze Nacht über war Simon (Petrus) mit seinem Bruder Andreas auf dem See. Wieder und wieder haben sie ihr Netz ausgeworfen. Doch es war vergeblich, keinen einzigen Fisch haben sie gefangen. Langsam wird es hell, der Morgen bricht an. Simon und Andreas fahren ans Ufer. Am Tag kann man keine Fische fangen.
Simon und Andreas steigen aus dem Boot und waschen ihre Netze aus. Zwei andere Fischer, Jakobus und Johannes, sind auch dort.

Da kommt Jesus. Viele Leute folgen ihm. Damit sie Jesus besser sehen und hören können, setzt Jesus sich in Simons Boot. Er lässt sich ein Stück vom Ufer wegfahren und lehrt die Menschen von da aus. Danach spricht er Simon an: „Fahre noch einmal hinaus, bis zu einer Stelle, wo der See sehr tief ist. Werft dort eure Netze aus!“
Simon wundert sich:
„Meister, wir haben die ganze Nacht gearbeitet und keinen einzigen Fisch gefangen. Aber weil du es sagst, werde ich die Netze noch einmal auswerfen.“

Simon und Andreas steigen ins Boot, fahren auf den See und werfen ihre Netze aus. Plötzlich sind da so viele Fische, dass die Netze zu reißen beginnen. Simon winkt den anderen Fischern zu: „Kommt schnell, helft uns! Da sind so viele Fische! Das schaffen wir nicht allein.“
Sie fangen so viele Fische, dass die Boote fast sinken. Entsetzt schauten die Fischer sich an. Wie kann das sein? So etwas gab es noch nie. Solche Macht hat Jesus? Das ist ein Wunder.

DAS LEBEN JESU
Band 1: Stationen aus dem Leben Jesu – Bestell-Nr. 12 704

Lösungen und didaktische Hinweise

(5) „Ein Wunder“, flüstert Simon. „Ein Wunder für uns.“ Rasch fahren sie zurück zum Ufer. Simon springt aus dem Boot, eilt zu Jesus und fällt auf die Knie. Er sagt: „Herr, ich habe das nicht verdient. Ich habe in meinem Leben schon viel falsch gemacht, ich bin nicht so, wie Gott mich haben will. Ich bin ein sündiger Mensch. Geh weg von mir.“ Jesus wendet sich ihm zu. „Fürchte dich nicht, Simon. Von nun an wirst du keine Fische mehr fangen. Du sollst Menschen für Gott gewinnen. Von nun an sollst du ein Menschenfischer sein.“

Die Fischer Simon und Andreas, Jakobus und Johannes lassen ihre Boote und alles andere zurück und gehen mit Jesus. Sie sind seine ersten Jünger.
Insgesamt wählt Jesus zwölf Männer aus, die von nun an zu seinem engsten Kreis gehören. Sie begleiten ihn auf seiner Reise von Ort zu Ort, hören, was er sagt und erleben alles mit, was Jesus tut.

5.2 JAKOBUS; JOHANNES; JAKOBUS; THOMAS; SIMON PETRUS; BARTHOLOMÄUS; ANDREAS; PHILIPPUS; SIMON DER ZELOT; JUDAS THADDÄUS; LEVI MATTHÄUS; JUDAS ISKARIOT.

Differenzierung: Ältere Schüler lesen den Bibeltext (Lk.6,12-16), schreiben die Namen der Jünger heraus und vergleichen sie mit dem Ergebnis ihres gelösten Rätsels.

6 **Didaktische Hinweise:**
Für jüngere Kinder können Sie zuerst den richtigen Text vorlesen (6.2.), anschließend den Fehlertext. An den Fehlerstellen klatschen die Kinder in die Hände.

7

Zachäus ist der oberste Zöllner in Jericho. Er arbeitet für die Römer. Er betrügt die Leute. Er ist reich. Die Menschen mögen ihn nicht. Sie sagen: „Zachäus ist ein Betrüger. Er nimmt uns zu viel Geld ab. Außerdem arbeitet er für die Römer. Sie beherrschen unser Land. Wir wollen frei sein von den Römern. Zachäus arbeitet für die Feinde, er ist ein Verräter.“

Lösungen und didaktische Hinweise

(2) Eines Tages kommt Jesus nach Jericho. Alle Leute laufen hinaus auf die Straße. Auch Zachäus möchte Jesus sehen, aber er ist klein. Die Menschen lassen ihn nicht durch. Zachäus überlegt: „Da vorn steht ein Maulbeerfeigenbaum. Jesus wird dort vorbeigehen.“ Kurz entschlossen eilt er zu dem Baum und klettert hinauf. Dann kommt Jesus. Er bleibt an dem Baum stehen. Er schaut hinauf. Er blickt Zachäus an. Gespannt halten die Leute den Atem an. Was wird Jesus sagen? Wird er mit dem Betrüger schimpfen? Jesus wendet sich Zachäus zu: „Komm schnell vom Baum herunter! Ich will dich besuchen. Ich möchte heute dein Gast sein.“	
(3) Die Menschen murren: „Wieso geht Jesus ausgerechnet zu diesem Sünder?“ Zachäus ist glücklich. Er weiß, was er falsch gemacht hat – all die Jahre. Er ist reich, aber was nützt der Reichtum, wenn die Leute einen nicht mögen? Und was nützt der Reichtum, wenn das Böse, das man getan hat, einen von Gottes Liebe trennt? Zachäus will umkehren, er will das Böse wieder gut machen und ein neues Leben beginnen. Er sagt zu Jesus: „Ich werde die Hälfte meines Besitzes den Armen geben. Und die Leute, die ich betrogen habe, bekommen ihr Geld zurück. Sie bekommen viermal so viel, wie ich ihnen weggenommen habe.“ Jesus nickt. „Du und alle, die in deinem Haus wohnen, sind heute zu Gott zurückgekehrt, Gott vergibt euch. Ihr seid gerettet, ihr müsst nicht mehr getrennt von Gott leben. Gottes Sohn ist gekommen, um die Verlorenen zu suchen und zu retten.“	

7 Zacharäus

8

(1) Jesu ist mit seinen Jüngern durchs Land gezogen. Kaum ist er wieder in Kapernaum, strömen die Menschen herbei. Die Leute kommen aus vielen verschiedenen Orten, manche kommen von weit her. Alle wollen Jesu Worte hören. Die vielen Menschen passen gar in das Haus hinein, viele stehen vor der Tür. Da kommen Männer mit einer Trage, auf der ein Kranker liegt. Der Mann ist gelähmt, er kann sich nicht bewegen.	
(2) Sie möchten ihn zu Jesus bringen, aber da sind so viele Menschen, sie kommen nicht durch. Kurzentschlossen steigen sie auf das Dach und öffnen es. Dann lassen sie die Trage mit dem Kranken durch das Dach hinab, mitten ins Haus hinein. Jesus sieht den großen Glauben der Männer und wendet sich dem Kranken zu. „Deine Schuld ist dir vergeben.“ Die Schriftgelehrten denken: „Was fällt ihm ein? Was redet er da? Sünden vergeben kann nur Gott allein! Das ist Lästerung.“ Jesus antwortet ihnen: „Was ist leichter zu sagen? Dir ist deine Schuld vergeben? Oder: Steh auf und laufe herum? Damit ihr aber wisst, dass Gottes Sohn die Vollmacht hat, Schuld zu vergeben, schaut her!“	

Lösungen und didaktische Hinweise

Damit wendet er sich dem Gelähmten wieder zu: „Steh auf! Nimm deine Liege und geh nach Hause!“ Sofort steht der Mann auf, nimmt seine Liege und geht. Dabei lobt und dankt er Gott. Gott hat ihm die Last seiner Schuld abgenommen, er hat ihm vergeben. Und Gott hat ihn gesund gemacht. Betroffen schauen die Menschen Jesus an. Sie können nicht fassen, was sie eben mit angesehen haben. Einige sind erschrocken, einige fürchten sich, andere sagen: „So etwas haben wir noch nie erlebt. Es ist ein Wunder!“ Die Menschen loben und preisen Gott und danken ihm für seine Liebe.

9 **Gleichnisse:** Damit die Menschen verstehen, was Jesu meint, verwendet er Beispiele aus deren Lebensumfeld. Er erläutert seine Worte durch Vergleiche, er beschreibt Handlungen, Geschehnisse etc., die alle Leute verstehen. Das Leben der Hirten war allen Menschen, die zur Zeit Jesu in seinem Umfeld lebten, vertraut.

9.1

Jesus vergleicht sich selbst mit einem guten Hirten. Er erzählt das Gleichnis vom verlorenen Schaf.
Ein Hirte sorgt gut für die Tiere. Er führt sie zu Weideplätzen, wo sie genügend Futter und Wasser finden. Oft nimmt er dazu weite Wege in Kauf. Da ist die Wüste und da sind die Berge. Es gibt unwegsames Gelände und finstere Schluchten. Aber der Hirte möchte, dass es den Schafen gut geht.

Selbst in der Nacht wacht der Hirte über seine Schafe. Er lässt sie nie im Stich. Wenn jemand ein Schaf stehlen will, vertreibt er den Dieb. Dabei setzt der Hirte sein Leben aufs Spiel. Regelmäßig zählt er seine Schafe, denn jedes einzelne ist ihm wichtig. Er nennt sie mit Namen. Er kennt sie genau. Und die Schafe kennen seine Stimme und folgen ihm.

Ein Mensch hat hundert Schafe. Ein Schaf entfernt sich von der Herde und vom Hirten. Es läuft weg, es verläuft sich. Das Leben ohne den Hirten ist für das Schaf gefährlich. Das Schaf kann stürzen und sich verletzen. Es gibt hungrige Raubtiere, die nur darauf warten, ein hilfloses Tier zu fangen. Auch in der Wüste kann es sich verirren, es findet kein Futter und kein Wasser. Der Hirte lässt die neunundneunzig anderen Schafe allein und sucht das verirrte Schaf. Wenn er es gefunden hat, nimmt er es auf die Schultern und trägt es nach Hause. Dort lädt er seine Freunde und Nachbarn ein und feiert mit ihnen ein Fest. Alle sollen sich darüber freuen, dass er sein Schaf wiedergefunden hat.

Lösungen und didaktische Hinweise

9. 2

10

<table>
<tr><td>

1

Jesus zieht mit seinen Jüngern durchs Land. Als sie wieder nach Jerusalem kommen, lässt Jesus die Jünger einen Esel holen. Auf diesem Esel reitet er in Jerusalem ein. Am Wegrand stehen viele Menschen. Sie begrüßen ihn wie einen König. Einige legen ihre Kleider wie einen Teppich auf den Weg, andere schneiden Zweige von den Bäumen ab und breiten sie ebenfalls auf dem Weg aus. Dabei jubeln sie Jesus zu wie einem König: „Hosanna dem Sohn Davids!" Hosanna ist ein Freudenruf, ein Ruf der Ehrfurcht und Anbetung. Es kommt aus dem Griechischen und bedeutet: „Rette dich" oder „Schenke uns Heil oder Segen" oder: „Sei gesegnet" oder „Sei gelobt".

</td><td>

</td></tr>
<tr><td>

2

In Jerusalem geht Jesus in den Tempel. Der Tempel wurde zu Gottes Ehre gebaut. Menschen sollen im Tempel Gott loben und ihm nahe sein. Als Jesus in den Tempel kommt, sind da zahlreiche Händler. Rinder und Schafe blöken um die Wette und Tauben flattern aufgeregt in ihren Käfigen herum. Zwischen den lärmenden Tieren laufen die Käufer umher und feilschen mit den Händlern um einen angemessenen Preis. Außerdem stehen da Tische, an denen Geldwechsler sitzen. Wütend treibt Jesus die Händler mit ihren Tieren und die Geldwechsler zum Tempel hinaus und ruft: „Es steht geschrieben: Mein Haus soll ein Haus des Gebetes sein. Aber was tut ihr? Ihr habt eine Räuberhöhle aus dem Haus Gottes gemacht!

</td><td>

</td></tr>
<tr><td>

3

Die Hohenpriester, Schriftgelehrten und Pharisäer sind die führenden Vertreter der Juden. Sie sind wütend auf Jesus. Sie sagen: „Er setzt sich mit Zöllnern und Sündern an einen Tisch. Am Sabbat, wenn niemand arbeiten darf, heilt er die Kranken. Und die Menschen hören auf ihn – manche halten seine Worte für wichtiger als unsere Worte. Sie jubeln ihm zu, als sei er ein König. Das darf nicht sein. Wir müssen Jesus loswerden. Jesus soll sterben."

</td><td>

</td></tr>
</table>

DAS LEBEN JESU
Band 1: Stationen aus dem Leben Jesu – Bestell-Nr. 12 704

Lösungen und didaktische Hinweise

11.1

Das gemeinsame Essen am Abend vor dem Passafest erinnert die Juden an die Befreiung aus der Sklaverei in Ägypten. Vor dem Passafest sitzt Jesus das letzte Mal mit seinen Jüngern beim Abendmahl. Er sagt ihnen voraus: „Einer von euch wird mich verraten." Die Jünger sind erschrocken. „Bin ich es?", fragen sie. Keiner von ihnen ist sich sicher, ob er es schafft, zu Jesus zu halten, wenn es gefährlich wird. „Bin ich es?", fragen sie.

(2)

Jesus weiß: Judas Iskariot ist der Verräter. Trotzdem teilt Jesus auch mit ihm Brot und Wein. Nach dem Abendmahl stiehlt sich Judas hinaus, um Jesus zu verraten.

(3)

Beim letzten Abendmahl mit seinen Jüngern teilte Jesus Brot und Wein aus. Der Wein steht für sein vergossenes Blut, das Brot für seinen geopferten Körper. Jesus nimmt mit seinem Tod die Strafe für die Schuld der Menschen auf sich. Wer an ihn und die Auferstehung von den Toten glaubt, wird Vergebung erfahren.
„Solches tut zu meinem Gedächtnis."
Noch heute feiern Christen miteinander das Abendmahl zur Vergebung ihrer Schuld.
Jesus hat versprochen: „Wenn ihr das tut, bin ich mitten unter euch."

11.2 Gethsemane

Lösungen und didaktische Hinweise

11.2

 Jesus weiß, dass er leiden und sterben wird. Das sagt er auch immer wieder seinen Jüngern voraus: „Ich werde leiden und sterben, aber das ist nicht das Ende. Am dritten Tage werde ich auferstehen. Das tue ich für euch und für alle Menschen. Mit meinem Tod nehme ich die Strafe für die Schuld der Menschen auf mich. Denn alles Böse trennt die Menschen von Gott. Ich sterbe, damit ihr leben könnt. Ein unvergängliches Leben nach dem Tod – bei Gott!" Jesus ist Gottes Sohn – er ist Gott. Aber er ist auch ganz Mensch. Er hat Angst vor dem Leiden und Sterben. Er will Gott um Kraft bitten dafür. Er will in der Nacht an einem einsamen Ort beten. Deshalb geht er nach dem Abendmahl mit seinen Jüngern zum Ölberg.	
 Am Ölberg befindet sich der Garten Gethsemane. Dorthin geht Jesus, um sich auf sein Leiden und Sterben vorzubereiten. Wenn man Angst hat, ist man nicht gern allein. Jesus bittet seine Jünger, mit ihm zu wachen und zu beten. Doch sie sind müde, immer wieder schlafen sie ein. Sie lassen Jesus allein mit seiner Angst. Aber Gott ist da. Jesus spricht mit ihm.	
 Schließlich kommt Judas, der Verräter mit den Feinden. Judas hatte mit ihnen vereinbart: „Ich zeige euch, welcher Jesus ist. Ich werde ihn mit dem Freundschaftskuss begrüßen." Die Feinde kommen mit Schwertern und Stangen. Sie nehmen Jesus gefangen und führen ihn ab. Seine Jünger bekommen Angst und laufen weg.	

KOHL VERLAG DAS LEBEN JESU Band 1: Stationen aus dem Leben Jesu – Bestell-Nr. 12 704

Lösungen und didaktische Hinweise

11.3

 Es ist Nacht. Sie nehmen Jesus gefangen und führen ihn ab. Sie bringen ihn zum Haus des Hohenpriesters. Das ist der Oberste Priester der Juden. Jesus wird geschlagen und ausgelacht. Am Morgen trifft sich der Hohe Rat. Der Hohe Rat ist das oberste Gericht der Juden. Sie wollen Jesus unbedingt verurteilen, obwohl er nichts Böses getan hat. Falsche Zeugen erzählen Lügen über Jesus. Die Feinde Jesu sagen: „Jesus muss weg! Er verursacht zu viel Unruhe! Viele Menschen hören mehr auf ihn als auf uns. Er verstößt gegen das Gesetz. Er lästert über Gott.“	
 Petrus war Jesus mit reichlich Abstand gefolgt. Es ist kalt. Im Hof haben die Angestellten des Hohenpriesters ein Feuer angezündet. Petrus setzt sich mit ans Feuer. Da kommt eine Magd und sagt: „Gehörst du nicht auch zu diesem Jesus?“ Petrus schüttelt den Kopf: „Ich kenne ihn nicht.“ Etwas später erkennt ihn ein anderer: „Du bist auch ein Nachfolger von Jesus.“ Wieder leugnet Petrus: „Mensch, das bin ich nicht!“ Ein anderer ist sich sicher: „Klar gehörst du zu Jesus! Du kommst genau wie er aus Galiläa!“ Petrus leugnet zum dritten Mal: „Mann! Ich weiß nicht mal wovon du redest!“ Noch während er spricht, kräht der Hahn.	
 Da erinnert Petrus sich an die Worte Jesu: „Bevor der Hahn kräht, wirst du mich dreimal verleugnet haben. Du wirst behaupten, du kennst mich nicht.“ Petrus steht auf und geht hinaus. Voller Verzweiflung beginnt er zu weinen. Er schüttelt den Kopf über sich selbst. „Was habe ich nur getan! Ich dachte, ich wäre stark aber ich bin schwach. Hatte ich nicht versprochen, immer und überall bei Jesus zu bleiben, ganz egal, was geschieht? Und nun habe ich Jesus verleugnet – drei Mal sogar! Genauso, wie Jesus es mir vorausgesagt hat. Ich habe ihn im Stich lassen. 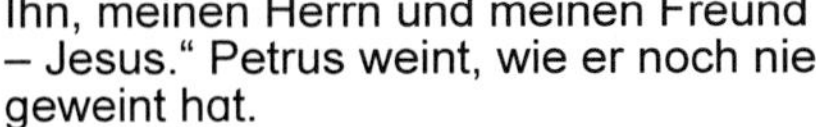 Ihn, meinen Herrn und meinen Freund – Jesus.“ Petrus weint, wie er noch nie geweint hat.	

DAS LEBEN JESU
Band 1: Stationen aus dem Leben Jesu – Bestell-Nr. 12 704

Lösungen und didaktische Hinweise

11.4

<table>
<tr><td>

Der Kaiser von Rom herrscht über das Römische Reich. Dazu gehört auch das Land, in dem Jesus lebt. Die Obersten Juden sagen: „Jesus muss sterben. Aber wir dürfen niemanden zum Tod verurteilen. Das dürfen nur die Römer. Wir müssen Jesus zu Pontius Pilatus bringen. Er ist hier der Statthalter, der Vertreter des Römischen Kaisers. Also führen sie Jesus zu Pilatus.

</td><td>

</td></tr>
<tr><td>

Pontius Pilatus verhört Jesus. Danach sagt er zu den obersten Juden: „Ich finde keine Schuld an ihm, die den Tod verdient hätte. Ich werde ihn schlagen lassen und wieder frei geben." „Auf keinen Fall", rufen sie. „Du musst ihn verurteilen. Jesus muss sterben!"

</td><td>

</td></tr>
<tr><td>

Vor dem Palast des Pilatus haben sich viele Menschen versammelt. Pilatus sagt zu ihnen: „Es ist Brauch, dass zum Passafest ein Gefangener freigelassen wird. Wir haben zwei Gefangene: Jesus und Barrabas. Barrabas ist ein Mörder, er hat schlimme Dinge getan. Ich will lieber Jesus freilassen." Die Feinde Jesu haben die Leute aus dem Volk aufgehetzt. Jesus soll auf keinen Fall freikommen, lieber soll Pilatus einen Verbrecher freilassen, Barrabas. Als Pilatus noch einmal beteuert: „Ich finde keine Schuld an Jesus", schreien die Leute: „Kreuzige ihn!" Die Kreuzigung ist zur Zeit Jesu eine schlimme Strafe für Menschen, die etwas Böses getan haben.

</td><td>

</td></tr>
</table>

Lösungen und didaktische Hinweise

11.5

Der römische Statthalter Pontius Pilatus findet keine Schuld bei Jesus, fürchtet aber einen Aufruhr im Volk. Als sie schreien: „Kreuzige ihn!“ beugt er sich dem Wunsch der Hohenpriester und verurteilt Jesus zum Tod am Kreuz. Die Soldaten verspotten Jesus, schlagen ihn, ziehen ihm einen roten Mantel in der Farbe eines Königs an und setzen ihm eine Krone aus Dornenranken auf. Sie spotten: „Wir grüßen dich, du König der Juden!“

Später ziehen sie Jesus den Mantel wieder aus und führen ihn ab. Jesus muss das Kreuz tragen, an dem er sterben soll. Das Kreuz ist schwer, Jesus kann es kaum tragen. Unterwegs sehen die Soldaten einen Bauern, der vom Feld kommt. Er heißt Simon von Kyrene. Die Soldaten packen Simon und zwingen ihn, das Kreuz mitzutragen.

Die Kreuzigung ist zur Zeit Jesu eine schlimme Strafe für Menschen, die etwas Böses getan haben. Aber Jesus hat nichts Böses getan – dennoch lässt er zu, dass man ihn tötet. Er weiß, das ist nicht das Ende. Gott wird ihn auferwecken. Er wird auferstehen – damit alle, die an ihn glauben, auferstehen können. Jesus wird mit zwei Verbrechern hingerichtet. Er leidet unter der Ablehnung und dem Spott der Menschen. Er erleidet Schmerzen und schließlich den Tod.

DAS LEBEN JESU
Band 1: Stationen aus dem Leben Jesu – Bestell-Nr. 12 704

Lösungen und didaktische Hinweise

11.5.2 Durch Kreuzigung.

11.6

 Auch Frauen gehören zu den Nachfolgern von Jesus. Eine von ihnen ist Maria Magdalena. Hilflos müssen die Frauen den Tod Jesu am Kreuz mit ansehen. Weil es Abend ist und bald der Sabbat anbricht, haben sie keine Zeit, um den Verstorbenen einzubalsamieren. Denn am Sabbat darf man nicht arbeiten, man darf sich auch nicht um Verstorbene kümmern. Am Sonntag gehen die Frauen früh am Morgen mit duftenden Ölen und Salben zum Grab. Unterwegs unterhalten sie sich. „Wie sollen wir das Felsengrab öffnen? Es wurde mit einem riesigen Stein verschlossen, den können wir nicht wegbewegen. Wen können wir um Hilfe bitten?" Als sie näherkommen, erschrecken sie. „Das Grab ist offen! Der Stein ist weggewälzt!" Plötzlich sind da Männer in leuchtenden Gewändern. Engel. „Fürchtet euch nicht!", sagen die Engel. „Ihr sucht Jesus von Nazareth, den Gekreuzigten. Er ist nicht hier. Er ist auferstanden. Erinnert euch! Denkt an das, was er euch gesagt hat, als er noch bei euch war. Er hat vorausgesagt, dass er sterben und auferstehen wird. Er ist auferstanden, damit auch ihr nach dem Tod auferstehen könnt." Entsetzt rennen die Frauen davon. Später begegnet der Auferstandene Maria Magdalena persönlich und spricht mit ihr. Er begegnet auch vielen anderen Menschen, die zu Zeugen seiner Auferstehung werden.	
 Der Auferstandene zeigt sich seinen Jüngern, doch Thomas ist nicht dabei. Später erzählen sie ihm voller Begeisterung: „Jesus, unser Herr ist auferstanden, er lebt! Wir haben ihn gesehen, er war bei uns! Wir hatten die Türen verschlossen, aber Jesus stand plötzlich mitten unter uns!" Thomas schüttelt traurig den Kopf. „Das kann ich nicht glauben. Ich kann nicht glauben, dass er auferstanden ist. Ich kann es erst glauben, wenn ich seine Wunden sehe und anfasse. Seine Hände, die man ihm mit den Nägeln durchbohrt hat. Seine Seite, die man mit der Lanze verletzt hat." Acht Tage später treffen sich die Jünger wieder. Diesmal ist Thomas bei ihnen. Sie haben alle Türen verschlossen. Plötzlich steht Jesus mitten unter ihnen. „Friede sei mit euch!", sagt er. Dann wendet er sich an Thomas. „Komm! Berühre mit deinen Fingern die Stellen, an denen die Nägel meine Hände durchbohrt haben. Und dann lege deine Hand in die Wunde an meiner Seite. Zweifle nicht! Glaube!" Da weiß Thomas: „Jesus lebt. Er ist auferstanden. Er ist da, mitten unter uns." „Mein Herr!", stößt Thomas hervor. „Mein Gott!" Jesus antwortet: „Du glaubst, weil du mich gesehen hast. Freuen dürfen sich alle, die nicht sehen und trotzdem glauben."	
 Vierzig Tage lang zeigt der Auferstandene sich vielen Menschen. Seinen Jüngern trägt er auf: „Bleibt in Jerusalem. Wartet dort, bis ihr Gottes Geist bekommt. Danach werdet ihr meine Zeugen sein. Alle Menschen auf der ganzen Welt sollen erfahren, dass ich auferstanden bin und lebe, auch wenn sie mich nicht sehen. Alle sollen erfahren, dass es für die, die an mich glauben, ein Leben nach dem Tod gibt. Erzählt den Menschen, dass ich für ihre Schuld gestorben bin. Jeder, der Gott um Vergebung bittet, wird frei sein. Ruft die Menschen zum Glauben und tauft sie." Vierzig Tage nach seiner Auferstehung wird Jesus unsichtbar für die Menschen. Er geht ganz zu Gott. Vor den Augen der Jünger ist auf einmal eine Wolke, wie Nebel, der immer dichter wird. Die Jünger schauen hinauf zum Himmel, sie können Jesus nicht mehr sehen. Aber sie wissen: Er lebt. Er ist da.	

DAS LEBEN JESU
Band 1: Stationen aus dem Leben Jesu – Bestell-Nr. 12 704

zu 1

DAS LEBEN JESU
Band 1: Stationen aus dem Leben Jesu – Bestell-Nr. 12 704
KOHL VERLAG

Ausmalbilder

zu 2.2.8

zu 4

KOHL VERLAG
DAS LEBEN JESU
Band 1: Stationen aus dem Leben Jesu – Bestell-Nr. 12 704

Ausmalbilder

zu 6.1

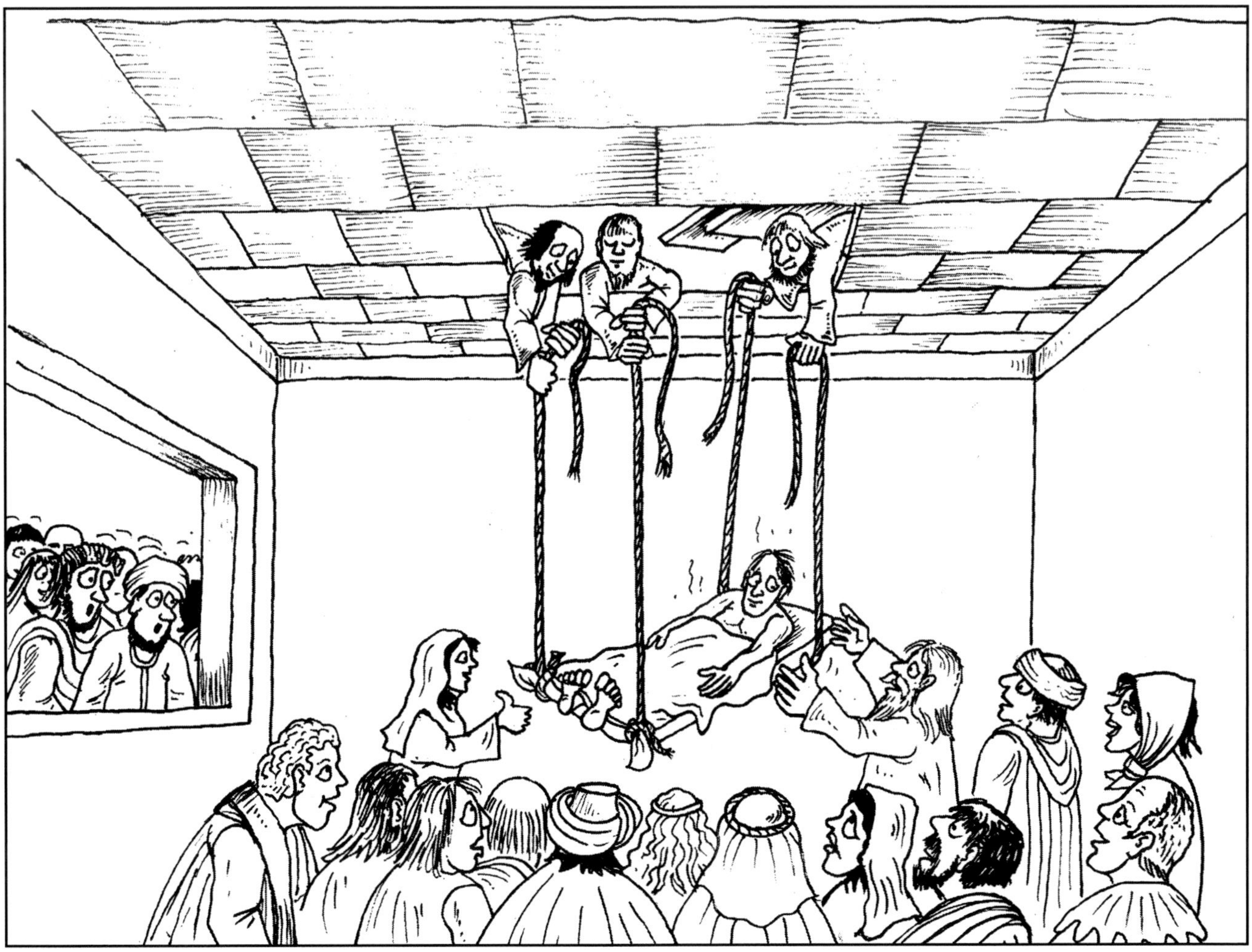

Ausmalbilder

zu 11.5

zu 11.6